살아가는 것을
사랑한다는 것

살아가는 것을 사랑한다는 것

구로사와 이츠키 지음 / 박진희 옮김

노자 『도덕경』,
나를 살리는 마음공부

살림

어째서 인생은 마음처럼 되는 게 하나도 없을까. 분명 당시에는 최선을 다해서 했던 일들인데 결과는 모두 처참하다. 지금까지 살아온 세월을 되새김질하며, 그때 어떻게 했어야 원하는 결과를 얻을 수 있었던 건지 아무리 생각해봐도 명확한 답을 찾을 수가 없다.

　물론 이제 와서 그 답을 찾은들 바꿀 수 없다는 사실도 잘 알고 있다. 혹여 원인을 알아냈다고 해도 과거로 돌아갈 수는 없는 노릇이니까. 그러니 지금 내 앞에 펼쳐진 현실이 바뀌는 일 따위는 없을 것이다.

　"만약 그때 다른 선택을 했더라면, 아니 다르게 행동했다면……."

아무리 땅을 치고 후회해봤자 소용없는 일이라는 걸 뻔히 알면서도 반복되는 생각에서 도망칠 수가 없다. 회한으로 점철된 과거의 일만 곱씹을 게 아니라 꿈과 희망을 품고 미래를 계획해보려 해도 '다른 나라에서나 다른 시대에 태어났다면' '기적을 일으킬 수 있다면' 같은 현실과 동떨어진 생각만 떠올리게 된다.

그 날도 나는 떨떠름한 기분에서 헤어나지 못한 채 한 손에 창을 들고 문 앞에 서 있었다.

무엇보다 이 '문지기'라는 직업이 문제였다. 너무 한가하지 않은가. 수도의 관청에 있을 때는 밥 먹을 시간이 없을 정도로 바빴지만, 이곳 서쪽 국경에 있는 '함곡관'은 정말이지 할 일이라고 할 만한 게 없었다. 온종일 서서 인적 없는 거리를 쳐다보는 게 일이라 솔직히 말해서 개를 대신 데려다 놔도 상관없을 정도였다.

문을 부수고 들어오려는 사람이 없는데 문지기가 무슨 소용이람. 해하려고 하는 사람 자체가 없으니 본래 내 업무인 문을 지키는 일도 쓸데없었다. 무엇을 하는 것도 아니고, 그저 멀뚱히 선 채 하루하루를 보내는 일은 어찌 보면 고문과 다름없었다.

물론 다시 큰 전쟁이 시작된다면야 이야기는 180도로 달라진다. 이 문에 죽느냐 사느냐 여부가 달려 있는, 그 피비린내 나는 상황에 놓인다면 그것은 그것대로 지옥일 것이다. 그건 딱 질색이다. 그렇다고 이렇게 '아무 일도 일어나지 않는' 하루를 살아가는 것 또한 지옥이다. 공로 하나 세울 건더기도 없는데다 매일같이 쥐꼬리만 한 월급을 트집 잡는 마누라에게 시달리는 것도 지긋지긋하다. 무엇보다 나 자신의 한심스러움에도 진절머리가 난다. 남들처럼 평범하게 살고 싶지 않은데 현실은 이 모양이니 그 괴리에 조바심만 커질 뿐이다.

지금의 상황에서 벗어날 만한 '한 방'이 필요한데 내 노력만으로는 그 '한 방'을 이뤄낼 수 없을 것 같다. 아니, 지금에 와서 무엇을 어떻게 노력해야 한단 말인가?

"어이! 우울한 나라의 왕자님, 오늘은 또 무슨 생각으로 머리를 싸매고 있는 거야?"

교대해야 할 시간에서 한 시간이나 늦게 온 동료가 내 어깨를 가볍게 두드리며 말을 걸었다.

"자네는 어쩌면 그렇게 하루도 빠짐없이 질리지도 않고 우울한 표정으로 있을 수 있나? 오늘의 불만은 또 뭔데? 돈이야? 마누라? 그것도 아니면 일?"

'네 녀석의 그 이죽거리는 태도다!'란 말이 목구멍까지 치밀어 올랐지만, 나는 벌레 씹은 얼굴을 한 채 "전부 다!"라는 말로 대신했다.

상황이 이렇게 안 좋아진 건 대체 언제부터였을까. 최근 3년 정도는 뭐 하나 되는 일이 없었다. 행복했던 기억이 없다. 어느 날부터 인생의 쳇바퀴가 완전히 미쳐 돌아가는 것처럼 어그러지면서 모든 일에 화가 나고 불만이 생겼다.

"결국 인생이 다 그렇고 그런 거야. 다 똑같이 산다고. 어지간히 좀 해. 자네의 그 표정을 보고 있노라면 나까지 기분이 나빠지니까. 웃는 얼굴까지는 바라지 않으니, 최소한 그 미간의 주름이라도 좀 펴지 그래."

그 말이 오히려 내 미간에 더 깊은 주름을 만들었다.

"시끄러워! 남의 일이라고 함부로 떠들지 마!"

"뭐, 이 미친놈! 내가 기껏 상대해줬더니 오히려 화를 내고 있어!"

아아, 역시! 매일매일 불평불만으로 쌓인 스트레스가 잠시 느슨해진 틈을 타 밖으로 뛰쳐나오고 말았다. 내 고함이 신호탄이 된 듯 겨우 잡았던 마음이 한순간에 무너져내렸다. 스스로에 대한 혐오감에 치를 떨 즈음, '퍽' 하고 둔탁한 소리가 났다.

순간 눈앞이 가물가물했다. 겨우 정신이 들자 바로 앞에 땅바닥이 보였다. 왼쪽 뺨에는 욱신거리는 열기가 느껴졌고, 입안에는 강렬한 쇠 맛이 났다. 더는 맞받아칠 기력도 없어 가만히 누워 있었다. 그저 어디에도 분출시킬 수 없는 분노와 더 이상 감출 수 없는 자기혐오만이 내 마음을 깊숙이 파고들었다.

"이런 제길! 나는 대체 무엇을 위해 사는 거야! 누구라도 좋으니 제발 좀 가르쳐줘! 인생이란 대체 뭐냐고!"

물론 누군가에게 답을 기대한 것은 아니었다. 그저 나는 머리를 땅에 비벼대며 가슴속 깊은 곳에서 터져 나오는 비명과 함께 몸부림칠 뿐이었다.

"백양! 백양 여기 있나?"

거침없이 걸어 들어온 남자의 커다란 목소리가 정적에 잠긴 도서관 벽을 울렸다.

붓을 놀리고 있던 사서가 깜짝 놀라 목소리의 주인공을 올려다보며 주뼛주뼛 대답했다.

"이 선생님께선 며칠 전 은퇴하셨습니다만……."

"뭐라고? 은퇴라니? 설마 그만뒀다는 뜻인가?"

'나라가 혼란에 빠진 이때 은퇴라니…… 대체 무슨 생각인 거지?'

남자는 씩씩거리며 사서에게 바싹 다가섰다.

"태사께서 그의 지혜가 필요하다고 말씀하셨다네. 시급한 일이니 어서 불러들이게!"

"그, 그렇지만 선생님께선 이미 살고 계시던 댁도 정리하셨다고 들었습니다. 모시고 오라고 해도 어디를 찾아봐야 할지 알 수 없는 상황입니다."

"집을 정리했다고?"

"어디로 가셨는지는 모르나 여행을 떠나셨다고 들었습니다……."

"이전부터 종잡을 수 없는 노인네라고 생각했지만, 설마 이런 중요한 시기에 느긋하게 여행을 떠나다니."

남자는 질렸다는 듯 크게 한숨을 내쉬었다.

"그래서 어디로 갔는지 모른다는 거지?"

"그게 딱히 목적지를 정하신 건 아닌 것 같았습니다. 그저 서쪽으로 가보시겠다고만……."

사서가 송구스럽다는 듯 머리를 조아리며 기어들어 가는 소리로 답했다.

"이거야 원……. 어쩔 수 없지. 그럼 그를 데려올 수 있도록 각 관청에 문서를 보내놓게. 성은 '이李', 이름은 '이耳', 자는 '백양伯陽' 또는 '담聃'이라고 적어서 말이야. 느릿느릿한 몸놀림에 커다란 귀가 특징인 사내라고도 써넣고. 나라의 중대한 일 때문에 그러니 발견 즉시 귀환시키라는 말도 추가하게. 그에 따른 보상도 있을 것이라 밝히고 말이지. 혹시 모르니 서쪽뿐만 아니라 모든 관청에 연락하게나. 이보게, 뭘 그렇게 멍청히 서 있는 거야! 서둘러 파발을 띄우란 말이다. 어서!"

"아, 알겠습니다!"

며칠 후, 백양을 찾는 문서가 함곡관에도 전해졌다.

"이, 백양······."

나는 문서를 보면서 '어디선가 들은 적이 있는 것 같은데' 싶은 생각에 먼 하늘을 바라보며 기억을 더듬었다. 갑자기 어떤 인물이 떠오른 순간 나는 눈을 동그랗게 떴다.

"왕실 도서관 사서인 이백양이라면! 혹시 소문으로만 듣던 그 '노담'이란 사람인가?"

탁월한 머리를 가져 그야말로 주나라의 살아 있는 사전이라 불리는 인물, 그러면서 출세나 권력에는 흥미가 없고 앞에 나서는 것을 싫어해 윗사람들도 '크게 쓰고 싶어도 다룰 수가 없어 곤란한 고집불통'이라 수군거리게 만들었다는 남자. 하지만 그 무엇보다 노담이란 인물이 유명세를 타게 된 건 '누구나 행복해지는 두 개의 비밀을 알고 있다'는 이야기 때문이었다. 소문을 들은 사람들은 그 비밀을 알기 위해 노담을 찾았으나 그는 대충 이야기를 얼버무릴 뿐, 핵심은 절대 말해주지 않았다고 한다. 만약 이 문서에 있는 '이백양'이 그 노담이라면 소문대로 특이한 자다.

"직책도 세상도 버리고 방랑의 여행을 떠나다니……. 그런데도 나라에서는 불러들이려 한다고? 이거 정말 소문대로구먼."

그가 만약 진짜 서쪽으로 여행을 떠났다면 이곳을 통과할 확률이 제일 높다. 드디어 찾아온 공을 세울 기회에 내 심장은 쿵쾅거렸다.

"자, 어떻게 길을 막고 돌려보내지? 그렇게 똑똑한 사람이라면 단순한 속임수로는 어림없을 텐데."

가슴에 묘한 설렘이 일렁거리던 바로 그 순간! 물소를 탄 한 남자가 함곡관으로 들어서는 게 보였다.

"아니, 어르신, 잠깐 기다리십시오!"

나는 서둘러 노인이 가는 길을 막았다.

"가시는 길을 막아서 죄송합니다만, 그래도 이게 제 일이라서요."

"무슨 일인가?"

"저, 그게 좀 여쭤볼 게 있습니다. 여길 지나 어디로 가시려는 것입니까?"

"어디로 가느냐……. 음, 그게 딱히 정하진 않았는데…….

자유롭게 발길 닿는 대로 방랑 중이라고나 할까."

'그럼 그렇지! 목적지 없는 여행에 커다란 귀, 이 초연한 분위기를 보면 이 자가 '이백양'인 게 틀림없어!'

더 이상 물을 것도 없었지만 그래도 나는 확인차 한 번 더 물었다.

"죄송하지만 성함을 여쭤봐도 되겠습니까?"

내 표정을 보고 노인은 무언가 눈치챈 것 같았다. "어라?" 하는 소리를 반복하면서 커다란 몸짓으로 몇 번인가 뒤를 돌아보더니 다시 나를 보며 말했다.

"이름, 이름이라. 아무래도 어딘가에 떨어뜨린 거 같은데 말이야."

생각지도 못한 답변에 나는 어처구니가 없어서 할 말을 잃었다.

"아아, 괜찮아요, 괜찮아. 이름 같은 거 좀 잃어버렸다고 큰일 나는 것도 아니니까. 처음부터 세상을 버리고 나선 여행이니 이제 쓸 일도 없지 뭐."

그렇게 말하며 노인은 웃었지만, '아, 그러십니까!' 하고 맞장구칠 수 없는 노릇이었다. 나는 노인에게 사람을 찾는다는 그 문서를 보여줬다.

"이 사람 맞으시죠? 죄송합니다만 돌아가셔야겠습니다. 이렇게 문서가 내려온 이상 저도 그냥 통과시켜드릴 수가 없거든요."

노인은 내가 건넨 문서를 훑어보고는 머리를 긁적이며 선처를 바란다는 표정으로 "모른 척해줄 수는 없으려나?"라고 물었다.

"그럴 수는 없습니다."

"아니, 너무 그렇게 딱딱하게 굴지 말고. 사실 내가 나쁜 짓을 해서 지명수배를 받은 것도 아니지 않나. 윗사람들은 지혜를 달라고 하면서도 내 얘기 따윈 전혀 듣지 않는다니까. 그들이 얼마나 융통성 없고 자기 마음대로인지는 당신도 잘 알 거야. 나는 보다시피 중늙은이인데……. 얼마 남지 않은 여생을 조용히 살 수 있도록 좀 도와주게."

그때부터 들려준 노인의 이야기는 백양에 관련해 떠도는 말들이 단지 소문만은 아니라는 것을 여실히 증명해주었다. 적은 말수로 논리정연하게 풀어나가는 그의 이야기를 듣는 사이 나는 그에게 마음을 완전히 빼앗겨, 어느새 '눈감아줘도 되지 않을까'라는 생각마저 들었다.

확실히 노인의 말처럼 지금 그를 보내준다고 해도 크게 문제가 될 것은 없었다. 범인을 풀어준 것도 아니고, 또 모른 척하고 보내줬다는 증거도 없으니까.

하지만 이대로 그를 보내주면, 모처럼 온 '한 방'이 물거

품으로 변해버린다. 눈앞의 포상을 놓칠 순 없지 않은가.

'어쩌면 좋을까' 하고 머리를 굴리던 차에 불쑥 기가 막힌 생각이 떠올랐다.

조금 약삭빠른가 싶기도 했지만 안 돼도 어쩔 수 없고 일단 부탁만이라도 해보자는 생각에 나는 백양에게 말했다.

"이 선생, 선생님 마음은 잘 알겠습니다. 저도 선생님을 보내드리고 싶어요. 하지만 말입니다……. 선생님께서 세상을 버리고 나라를 떠나기 전에 제 소원 한 가지만 들어줄 수 없으신가요?"

"무엇인가? 그 소원이라는 것이?"

"무리한 부탁이란 것을 저도 잘 알아요. 하지만 이렇게 간청합니다. 저도 선생님께서 인생 최대의 비밀을 알고 계신다는 소문을 들었습니다. '도'라는 궁극의 가르침을 깨달았다는 사실도요. 아무쪼록 저에게 그 가르침을 글로 써서 남겨주십시오."

내가 머리를 조아리는 동안 노인은 무언가를 깊이 생각하는 듯 천천히 눈을 감더니 "알겠다"라는 말 한마디를 남기고 그곳을 떠났다.

며칠 후 다시 온 그는 나에게 5,000여 자로 엮은 편지를 건네주고는 어디론가 자취를 감췄다 이것은 약 2,500년 전, 고대 중국의 주나라에서 벌어진 이야기다. 화자는 함곡관의 문지기며 그에게 편지를 남긴 노인은 이백양으로, 노담이라고도 불린 그는 훗날 '노자'라는 이름으로 우리에게 알려지게 된다. 그리고 이때 남겨진 편지가 바로 현재에도 여전히 동양철학의 정수라 회자되는 『도덕경道德經』이다.

이 『도덕경』을 처음 접했던 때를 떠올려본다. 약 20년 전, 학교 졸업 후 그래픽디자이너로 첫 취업했을 당시 나는 직장을 다니면서도 늘 남들과 비교하며 진로에 대해 고민하곤 했다. '과연 이게 진짜 내가 하고 싶은 일일까?' '저들은 행복해 보이는데 나는 왜 불행하지?' 발전을 위한 고민은 하지 않고 매일매일 불평하며 나를 소진하는 나날이 계속되었다.

그러던 중 머리를 식힐 때마다 찾던 동네 서점에서 우연히 노자 『도덕경』을 만났다. 교과서에서나 보던 책이라 무슨 고릿적 이야기가 들어 있나 호기심에 열어본 책에서 나는 한 대 얻어맞은 듯한 문장들을 발견했다. 바깥에 어둠이 깔리는지도 모른 채 정신없이 책을 읽어 내려가던 나는 마지막 장을 덮은 후에야 서점을 나섰다. 그러고 나서 만난 세상은 이전과 완전히 달랐다. 『도덕경』이 나에게 현실을 바라보는 '새로운 눈'을 줬던 것이다.

물론 그날부터 인생이 드라마틱하게 뒤바뀐 건 아니다. 그저 남과의 비교를 멈추고, 있는 그대로의 나를 받아들였을 뿐이다. 그러자 불행한 생각에 뒤덮여 보이지 않던 기회가 나에게 다가오기 시작했다. 나는 그래픽디자이너를 그만두고 광고회사에 입사했고 광고크리에이터로 이름을 알리게 되었다.

세상은 예나 지금이나 변함없이 팍팍하다. 오히려 내가 젊었던 시절보다 더 많은 기준과 자격들을 청춘에게 요구한다. 이 때문에 청춘은 물질적으로 풍요로운 세상에서 빈곤함을 느낀다. 누군가는 다른 사람과 비교하느라 불행을 느끼기도 한다. 하루하루 살면서 자신에 대한 콤플렉스만 쌓아가는 사람들도 있다.

그래서일까. 나는 요즘도 과거의 나처럼 세상이 심어놓은 허상을 좇아, 본디 자신을 잃어버리고 방황하는 청춘을 종종 만난다. 그들을 볼 때마다 나에게 또 다른 현실을 깨닫게 해준 『도덕경』을 전해준다면, 그들도 나처럼 세상을 바라보는 새로운 눈을 갖게 될 텐데 늘 고민해왔다. 그렇게 해서 그들이 있는 그대로의 삶을 살아가는 법, 소유하지 않아도 만족할 수 있는 법, 세상이 주는 압박에서 벗어나 자신을 사랑하는 법을 알게 된다면 얼마나 좋을까 생각해왔다.

이 책은 바로 그 고민과 생각의 산물이다. 그리고 방황하는 당신에게, 또 방황했던 20년 전 나에게 보내는 편지기도 하다.

구로사와 이츠키

차 례

제2부 덕德의 장
– 본연의 나를 사랑한다는 것

제1부

도^道의 장
- 있는 그대로
살아간다는 것

제1장

눈앞의 현실이
진짜라는 착각

당신은 자신의 삶을 사랑함으로써 누구나 행복해지는 '인생의 비밀'을 알고 싶어 이 편지를 펼쳤을 것입니다. 하지만 안타깝게도 제가 들려주려고 하는 이 『도덕경』이야기는 본래 말로 설명할 수 있는 것이 아닙니다. 노자가 생각하는 인생의 비밀, 즉 '도'란 사람들이 좋아하는 것처럼 손에 잡히는 것도 확실하게 보이는 것도 아니니까요.

그렇지만 저는 자신을 잃은 채, 남의 잣대와 허상에 끌려다니는 당신을 위해 이제부터 말로 설명이 불가능한 이 영역을 '무디라는 길 일면서'로 이야기로 풀어나가려 합니다.

지금부터 당신이 할 일은 제가 하는 이야기를 상식 안에서 이해하지 않는 것입니다. 미리 밝혀두지만, 이 이야기는 지금 당신이 기대하는 것처럼 '행운을 불러들이는 비밀'이나 '꿈을 이뤄주는 마법' 같은 부류가 아닙니다.

제가 쓴 편지를 읽다 보면 애매모호한 느낌이나 얼버무리는 느낌을 받을 수도 있고, 때로는 상식을 벗어난 내용에 화가 솟을지도 모릅니다. 하지만 '그래서 대체 결론이 뭐야?' 하고 서두르지 말고 읽어줬으면 합니다.

맨 처음 우리는 '도는 대상으로 삼는 것이 아니다'라는 사실을 마음에 새겨야 합니다.

사람은 무언가를 원할 때 그 무언가를 '대상'으로 찾고 획득하려는 경향이 있습니다.

'도'가 됐든 '신'이 됐든 '진리'가 됐든 그런 말을 들으면 획득하고 달성할 수 있는 무언가가 대상으로 존재하는 줄 알지요. 그리고 그것을 얻으려고 합니다.

하지만 도는 대상이 될 수 없습니다. 도는 지식이나 교양도 아닙니다. 당신에게 '나'라는 경계가 없어졌을 때 확연히 나타나는 명백한 존재의 본질, 그것을 영원히 움직이게 하는 에너지, 바로 그게 '도'지요.

이렇게 설명한다고 해서 제 말뜻을 곧바로 이해하기는 어려울 것입니다. 어떻게 해야 알기 쉽게 전할 수 있을까요.

그럼 이렇게 해봅시다. 세상에는 많은 '이름'이 있지요.

당신에게도 부모님이 지어준 이름이 있고 당신이 공부하거나 일하는 장소에도 이름이 붙어 있을 것입니다. 어디 사람이나 장소뿐입니까. 우리는 길에서 우연히 마주치는 개나 고양이에게도 '바둑이'나 '나비'라는 이름을 붙여 부릅니다. 우리 몸만 해도 얼굴, 손, 다리, 어깨, 심장, 폐 등 셀 수 없이 많은 이름이 붙어 있지요.

지금 주위를 둘러보십시오. 오히려 이름 없는 것을 찾기 어려울 정도로 세상은 이름으로 넘쳐나고 있습니다.

사실 이 모든 이름은 우리가 '이것은 이거' '저것은 저거' 하는 식으로 세계를 분리하여 인식하고 있다는 확고한 증거입니다. 당신은 '그건 너무 당연한 일 아니야?'라고 생각할지도 모르겠습니다. 상식적으로는 그게 익숙한 것이니까요.

하지만 사람들이 편하게 이용하기 위해 세상 모든 것에 이름을 붙이기 시작하면서, 도는 그 모습을 감춰버렸습니다.

대신 '해석'이라는 환상이 나타나 사람들은 그 환상을 '현실'이라 인식하며 살아가고 있지요.

일반적으로 현실이라 일컬어지는 곳에서 '여러 존재는 나뉘어 있다'고 여겨지지만, 진짜 현실에서는 '분리'라는 게 존재하지 않습니다. 물리적으로 나뉘어 보인다고 해서 하나 하나를 '개별적인 존재'라고 일방적으로 단정 지으면 노자가 말하는 인생의 비밀에서 점점 멀어질 뿐입니다.

이 우주의 시작을 떠올려봅시다. 사람이 이것저것 이름을 붙이기 훨씬 오래전, 이 세상에 언어나 정의, 가치나 기준 같은 것들이 생기기 훨씬 전으로 말입니다.

만약 지금 지구에 있는 모든 사람이 없어진다면, 거기에 '국가'라는 실체가 존재할 수 있을까요? 저 하늘을 나는 철새들에게도 사람처럼 '국경'이 있을까요?

당연히 존재하지 않을 것입니다. '국가'라는 분리는 사람이 '국경'이라는 관념을 받아들이면서 성립하는 것이니까요. 국경에는 병풍이 쳐 있지도 벽이 둘러 있지도 않습니다. 그저 '여기를 경계로 하자'는 편의상 만들어낸 관념, 정해진 약속이 있을 뿐이죠.

그런데 사람들은 언제부턴가 이 '편의상'이라는 전제를 잊고, 마치 그것들이 실재라도 하는 듯 착각의 세계에 빠져 있습니다. 이 세계를 나누고 있는 '경계 혹은 분리'라는 관념이 사라지면 어떻게 될지 한번 상상해봅시다. 그곳의 모든 존재는 '하나'로 돌아가지 않을까요?

사람들이 당연하게 여기는 '나'라는 감각, 이른바 '자아'

라는 것도 앞에서 예로 든 국경과 마찬가지로 하나의 관념일 뿐입니다.

예컨대 당신의 이름을 '윤희'라고 해봅시다. 윤희라고 불리고 또 자신을 윤희라고 생각한다면, '나'란 존재가 따로 있는 듯 느껴지겠지요. 하지만 이름이라는 그 관념의 틀을 벗겨내면 그저 '우주와 하나'라는 존재의 현실이 나타날 것입니다.

즉 사람에게 이름이 따라붙지 않는다면 존재는 그저 존재일 뿐, 그 어떤 분리도 없다는 것이지요.

갓난아이가 보는 세계를 상상해보세요. 갓난아이에게는 아직 '나라는 주체'도 '나 이외의 객체'도 없습니다. 그러니 당연하게 이것, 그것, 저것도 분리되어 있지 않을 것입니다.

'나'와 '객체'라는 분리 없이 세상이 하나로 존재한다면, 거기에는 주어지는 것도 빼앗기는 것도 없지 않을까요? 무언가를 얻으려고 하거나 멀리하려는 행위 자체도 없을 것입니다.

'나'라는 존재를 인식하고 어떠한 '대상'이 있다고 믿을 때, 바로 '욕망'이 생겨날 수 있습니다. 만약 나라는 존재가 늘 욕망에 젖어 있다면 도의 본질이 아닌 표면적인 세계밖에 보이지 않을 것입니다.

본질과 현실, 이 둘은 근원적으로 같은 곳에서 나오지만, 본질을 '있는 그대로의 세계妙' 현실을 '해석의 세계徼'라고 합니다. 그리고 이 두 가지의 현실이 동시에 나타나는 곳을 '혼돈玄'이라고 하지요. 이 혼돈을 낳은 것은 더욱 깊은 곳에 있는 '어둠冥'으로 모든 존재의 기반이 됩니다.

존재의 기반이 어둠이라고 하니 좀 의외라고 생각하진 않나요? 하지만 '빛'은 켜거나 끌 수 있지만, '어둠'은 켜거나 끌 수 없습니다. 언제나 어둠이라는 무대 안에서 빛이라는 파도가 움직이고 있는 것이지요.

당신은 자신의 삶을 사랑함으로써 누구나 행복해지는 '인생의 비밀'을 알고 싶어 이 편지를 펼쳤을 테지요. 도의 본질에 접근하여 그 안에서 살아가고자 한다면, 첫 번째로 '나'라는 개별적인 감각 자체가 어떠한 착각으로 생겨난 것임을 깨달아야 합니다. 그리고 '해석의 세계'가 아닌 '있는 그대로의 세계'를 살아가야 합니다. 그러다 보면, 저절로 도의 본질이 무엇인지 뚜렷이 알 수 있게 될 것입니다.

현실에 지쳤다면 '도의 세계'로 돌아오세요. 그곳에서 진정한 행복, 진정한 자유, 진정한 사랑이 당신을 기다리고 있을 것입니다.

도를 도라고 부르면 이미 그건 도가 아니다. 이름을 붙여 부를 수 있지만 항상 그 이름인 것은 아니다. 이름이 없는 것에서 천지가 시작되고, 이름이 있는 것에서 만물이 태어난다. 변함이 없는 무의 상태일 때 그 미묘함을 볼 수 있으며 늘 하고자 함이 있으면 그 움직임을 볼 수 있다. 이 둘은 똑같은 것인데 이름이 다를 뿐이다. 이 둘을 하나로 말해 현묘라 한다. 현하고 현한 이것은 온갖 미묘한 것이 나오는 문이다.

道可道非常道. 名可名非常名. 無名天地之始, 有名萬物之母. 故常無欲以觀其妙, 常有欲以觀其徼. 此兩者, 同出而異名, 同謂之玄. 玄之又玄, 衆妙之門.

제2장

사람의 수만큼
세계가 있다

'있는 그대로의 세계'를 산다는 건 어떤 모습일까요? 이를
이해하기 위해서는 먼저 우리에게 익숙한 '해석의 세계'가
무엇인지 알아야 할 필요가 있습니다.

　세상 사람들이 아름다운 것을 보고 '아름답다'고 인식
하는 것은 '해석의 세계'에서만 가능합니다. 제 말을 듣고 당
신은 "뭐라고요? 아름다운 모습을 있는 그대로 아름답다고
인식하는 것은 '있는 그대로의 세계'에서 가능한 게 아닌가
요?"라고 물을지 모르겠습니다. 하지만 사람이 무언가를 가
리켜 '아름답다'고 말할 수 있는 것은 거기에 이미 '추함'이

라는 비교 대상이 깔려 있어서가 아닐까요? 그러니까 무언가를 아름답다고 말할 수 있다는 것은 아름다움과 추함을 가르는 기준, 즉 관념이라는 잣대가 있기 때문입니다.

마찬가지로 선善을 추구하면, 동시에 불선不善이 나타납니다. 무언가 '있다'고 말할 수 있는 것은 '없다'는 것을 알고 있기 때문이고, '어렵다'고 말할 수 있는 것은 '쉽다'와 비교할 수 있기 때문이지요. '길다'고 말할 수 있는 것 역시 '짧다'와 비교할 수 있기 때문이며, '높다'고 말할 수 있는 것은 '낮다'와 비교할 수 있기 때문입니다.

당신이 사물이나 주위의 풍경을 인식할 때 무엇을 주로 이용하는지 떠올려보세요. 단순하게 '눈'의 기능만으로 보고 있지 않나요? 그렇다면 이는 단지 '빛의 자극과 색의 퍼짐'을 인식하는 것에 지나지 않습니다. 바로 그 자극이 기억과 맞물리면 '이것은 이거' '저것은 저거'라고 대상을 식별하게 되는 것이지요. 계속해서 이 식별이 여러 종류의 대상과 연계될 때 '이것은 아름답다' '저것은 추하다'와 같은 해석이 생기게 됩니다.

이처럼 '해석'이란 무언가와 무언가를 식별하여 그것들을 '비교'할 때 나타납니다. 간단히 말하자면, 찰나에 이루어지는 자동 연상 게임의 결과와도 같은 것이지요.

이렇듯 식별한 것을 비교하고, 그 한쪽 편에만 가치를 두어 가지려고 할 때 '만족감'이라는 게 생겨납니다.

여기서 당신이 반드시 알아야 할 또 한 가지 중요한 사항이 있습니다. 그것은 우열을 정하는 기준, 즉 해석을 낳는 잣대가 사람마다 다르다는 것입니다. 즉 '있는 그대로의 세계'는 하나라고 해도 '해석의 세계'는 사람의 수만큼 존재하는 것이지요. 그런데 조금 과격하게 들리겠지만, 해석으로 인식된 세계는 일종의 '개인적인 편견'이나 '착각'에 불과합니다.

예를 들어 누군가를 '재수 없는 놈'이라고 치부해버리면 그 해석이 완고할수록 그 사람의 장점을 발견하기가 더욱 힘들어질 것입니다. 당신에게는 두 번 다시 마주치고 싶지 않은 상대라고 해도 다른 누군가에게는 영원히 함께하고 싶은 연인일 수 있지 않을까요?

비단 인간관계뿐 아니라 사람들은 자기 자신에게도 해석의 잣대를 들이댑니다. 그리고 '이리되어야만 해' '이렇게 해야만 해' 같은 말로 자신을 들볶으며 살아가지요. 그런 식으로 하루하루를 반복해서 살면 어떻게 될까요? 자신을 궁지로 몰 뿐입니다.

'나는 이런 사람이니까' 하고 단정 지어 자신의 단점을 꼭꼭 숨기는 것도 생각해볼 일입니다. 스스로 나쁜 점이라고 못 박은 그 단점도 보는 관점을 달리하면 장점으로 바뀔 수 있습니다. 하지만 우리는 단정함으로써 바로 그 가능성을 배제해버리지요. 자신이 콤플렉스라며 고민했던 부분이 다른 사람에게는 당신만이 가진 '매력'으로 보일 수 있다는 걸 잊지 말아야 합니다.

음악을 생각해볼까요? 한 가지 음계를 반복해서 친다고 해서 '음악'이 되진 않습니다. 여러 가지 음계가 있어야 비로소 음악이 되지요. '도'와 '레'와 '미'는 각각 다른 소리와 표정을 지니고 있지만 그중 어떤 것이 우월하고 어떤 것이 열등하다고 말할 수 있을까요?

"역시 '레'가 제일 아름다워!"

"무슨 소리야, 다른 것보다 '솔'이 훨씬 특별해!"

만약 악기의 음계에 사람과 같은 개별 의식이 있어서 서로가 우열을 주장한다면 어떻게 될까요?

"그럼 다수의 찬성으로 '파'를 가장 가치 있는 음계로 결정하겠습니다. 오늘 이후부터 모두 '파'를 스승으로 모시고 인생의 모델로 삼으세요!"

이런 규칙이 생겨서 다른 음계들이 모두 '파'가 되고자 조율한다면 그것으로 연주를 할 수 있을까요? 또 그것을 음악이라고 부를 수 있을까요? 아마도 다른 소리를 흉내 내느라 어떤 현은 늘어지고 어떤 현은 끊어져 각각 본래의 소리를 잃어버리고 말 것입니다.

세상도 마찬가지고 사람도 마찬가지입니다. 다양함이 존재해야 하지요. 여러 종류의 음계가 있어야 음악이 될 수 있는 것과 같은 이치입니다. '앞'과 '뒤'도 서로가 있기에 비로소 존재할 수 있는 법. 어느 한쪽만 남겨둘 수는 없는 일이지요.

이렇듯 '현실이란 이런 것'이라는 해석이 없어지면 '있는 그대로의 세계'가 나타납니다. 있는 그대로의 세계를 깨달은 사람은 물건의 '구별'이 전부 이용하기 편하기 위해 만들어진 것에 불과하다는 걸 알게 되지요. 이런 착각에서 해방되면 마지막에는 '나'를 규정하는 틀마저도 없어지는 순간을 맞이하게 될 것입니다.

도와 함께 살아가는 사람은 '나'라는 경계 자체가 없고, 전체에 녹아들어 있기 때문에 '내가 무언가를 하고 있다'는 생각도 없습니다. 그런 사람들은 항상 '무엇을 할까'가 아닌, '어떻게 있을까'란 질문을 던지며 살아가지요.

무엇을 하고 있다는 게 중요하지 않기 때문에 무언가를 만들어내더라도 자신을 뽐내지 않습니다. 또한 은혜를 베풀어도 되받고자 기대하는 일도 없습니다. '나'도 '너'도 뛰어넘기에 이기적이거나 이타적인 사람이라고도 말할 수 없습니다. 이들은 무언가를 해냈다고 해도 그 성공에 기대는 일이 없지요. 그저 과거의 일로 지나가게 두고 흐름에 몸을 맡기며 말없이 그 자리를 떠날 뿐입니다.

바로 이것이 '해석의 세계'를 버리고 '있는 그대로의 세계'를 깨달은 사람들이 얻은 '인생의 비밀'이자 노자가 말한 도의 세계로 들어가는 첫 번째 관문입니다.

천하가 아는 아름다움이 꾸며진 아름다움이라면 이는 추악한 것이다. 천하가 선이라 여기는 것만 선한 줄 알면 이는 선한 것이 아니다. 있음과 없음은 서로 살게 하고 어려움과 쉬움은 서로 이루며 길고 짧음은 서로 겨루고 높음과 낮음은 서로에게 기울며 노래와 소리는 함께 어울리며 앞과 뒤는 서로 따른다. 성인은 무위에 머물며 말을 앞세우지 않는 가르침을 행한다. 만물을 자기 손으로 만든다 해도 자랑하지 않으며 만물을 소유하지 않고 공이 이루어져도 차지하지 않는다.

天下皆知美之爲美. 斯惡已. 皆知善之爲善. 斯不善已. 故有無相生, 難易相成, 長短相形, 高下相傾, 音聲相和, 前後相隨. 是以聖人, 處無爲之事, 行不言之敎. 萬物作焉而不辭, 生而不有, 爲而不恃, 功成而弗居. 夫唯弗居, 是以不去.

제3장

더 낫거나
더 못한 것은 없다

세상을 이것과 저것으로 나누어 인식하는 '해석의 세계'에서
는 언제나 알력과 경쟁심이 따라다니기 마련입니다. 이는 사
물과 사회적인 위치 각각에 특정한 가치를 부여했기 때문이
지요. 이렇게 각각 다른 가치를 두게 되면 자연스레 '우열'이
생길 수밖에 없습니다.

　우수한 것이 있고 열등한 것이 있다면, 사람들은 사회에
서 학습한 대로 더욱 우수한 것을 고르고 싶어 하기 때문입
니다. 따라서 세상이 머리 좋은 사람만 존중한다면 사람들은
더욱 머리친 위치를 차지하고자 지격증이니 학위를 얻기 위
해 필사적으로 경쟁하겠지요.

이 때문에 사람들은 누구보다도 뛰어난 무언가를 가진 사람이 되려고 악착을 떨기도 하고, 항상 다른 누군가와 비교하며 '나에게는 어떤 가치도 없어'라는 자기혐오에 쉽게 빠지기도 합니다. 만약 세상에서 똑똑한 사람만을 존중하는 잣대가 없어진다면 사람들은 '경쟁'에서 벗어나 자유로워질 수 있을 테지요.

하지만 해석의 세계는 경쟁을 더욱 부추겨서 사람들을 가치 있어 보이는 것에 집착하도록 만듭니다. 세상은 끊임없이 "저 사람은 대단해!" "이건 최고야!"라고 외치면서 사람들을 더 나은 위치, 더 좋은 사물에 매달리도록 만듭니다. 그렇지만 이러한 경쟁 속에서 사람들의 마음은 더욱 어지러워질 뿐이지요.

사람들이 무언가를 달성하고자 하는 '욕망'은 특정 대상에 그것만의 '가치'를 부여할 때 태어납니다. 하지만 인간이 그 대상에 서열과 가치를 매긴 것일 뿐, 본래 사물이나 사회적 위치 그 자체에는 가치가 내재되어 있지 않습니다.

따라서 만약 있는 그대로 살아갈 수 있는 세계가 있다면, 그곳의 리더는 모든 대상의 가치나 우열을 벗겨낼 것입니다. 즉 욕망으로 가득 찼던 사람들의 마음을 비우면서 동시에 만족을 불어넣어 경쟁심을 약화하는 대신 든든한 토대를 만들겠지요.

가치에 휘둘리지 않는 사람이라면 '보다 나은 인생'을 추구하기 위해 방황하는 일도 없고, 욕망에 치이는 일도 없을 것입니다. 죽으라고 자기실현을 목표로 하지 않고, 있는 그대로의 흐름에 자신의 삶을 맡겨 마음의 평안을 찾게 되겠지요.

이러한 삶은 승자가 되려고 혈안이 되어 있는 요즘 세상과는 완전히 정반대되는 모습일 것입니다.

현명함을 숭상하지 않아야 백성이 다투지 않는다. 얻기 어려운 재화를 귀히 여기지 않아야 백성이 재물을 훔치지 않는다. 욕심낼 만한 것이 보이지 않아야 백성의 마음을 어지럽히지 않는다. 성인의 다스림은 백성의 마음을 비우는 대신 그 배를 채우고, 백성의 뜻을 무르게 하는 대신 그 몸을 튼튼히 한다. 늘 백성이 알고 싶은 것과 하고 싶은 것이 없도록 한다. 무릇 스스로 지혜롭게 여기는 자들이 감히 어떤 일을 하지 못하게 한다. 억지로 무엇을 하지 않는다면 다스리지 못할 것이 없다.

不尙賢, 使民不爭. 不貴難得之貨, 使民不爲盜. 不見可欲, 使民心不亂. 是以聖人治, 虛其心, 實其腹, 弱其志, 强其骨. 常使民無知無欲, 使夫智者不敢爲也. 爲無爲則無不治.

제4장

텅 빈 공간은
누구나 품어준다

노자가 이야기한 인생의 비밀, 도는 무한히 펼쳐진 빈 공간
이자 세상 모든 것의 기반입니다. 어떻게 텅 빈 공간이 세상
의 기반이 될 수 있을까요?

'텅 빈' 공간은 눈으로 볼 수도 없고 손으로 만질 수도
없지만 이 공간이야말로 '무한한 사랑'이 될 수 있습니다. 텅
빈 공간은 비록 아무것도 없지만, 그렇기에 모든 존재를 있
는 그대로 받아들이고 품어줄 수 있기 때문입니다.

너무 추상적인 이야기라 쉽게 와닿지 않는다면 예를 들
어보지요. 혹시 "저 아이는 들어와도 되지만 너는 나쁜 아이

니까 들어오지 마"라는 말로 공간에 거절당한 적이 있습니까? 사람은 자신의 기준에 따라 누군가의 방문을 거절하기도 하지만, 공간 자체는 누군가를 차별하여 거절하는 일이 없습니다.

공간은 착한 사람이든 나쁜 사람이든 가리지 않고 모든 존재를 수용해주지요. 사람이나 사물을 받아들이는 조건으로 공간은 어떤 거래나 요구도 하지 않습니다. 텅 빈 공간이 그러하듯 조건 없이 있는 그대로 품어주는 것, 바로 이것이 '사랑' 아닐까요?

이 넓고 커서 끝도 없이 펼쳐지는 공간 안에 영원히 흐르는 생명이 있습니다. 그래서 도를 생명과 사랑이라는 물로 가득 채워진 연못 같다고 하는 것이지요.

도는 생명과 사랑의 에너지로 가득 찬 장소니, 이곳의 흐름을 따르면 마음에 박혀 있던 가시가 사라지고, 바깥과의 갈등이 풀어지고, 무언가를 향한 강렬한 마음도 부드러워질 것입니다. 마치 날아올랐던 먼지가 조용히 내려앉는 것처럼 마음의 소동을 진정시켜주지요.

어떤가요? 이렇게 생명과 사랑이 흐르는 도의 세계로 들어올 준비가 되었나요?

도는 텅 비었으면서도 다함이 없을 듯하며, 깊기도 깊어 만물의 근본인 듯하다. 날카로운 것을 무디게 하고 엉클어짐을 풀어주며, 빛을 부드럽게 하고 먼지와도 어우러진다. 맑기도 맑아 늘 그대로 있는 것 같은데 도가 어디서 비롯됐는지 알지 못하지만 신보다는 먼저 있었을 것이다.

道, 沖而用之或不盈. 淵兮似萬物之宗. 挫其銳, 解其紛, 和其光, 同其塵. 湛兮似或存. 吾不知誰之子. 象帝之先.

제5장

삶과 죽음의
저편에

아무리 '도는 사랑 그 자체다'라고 말한들, 당신도 아는 것처럼 '해석의 세계'에서는 그 사랑이 잘 보이지 않습니다.

거듭되는 천재지변만 보더라도 자연의 섭리가 사람에게 친절하다고 말하긴 어렵지요. 여름만 되면 몰려오는 태풍이나 홍수가 마을을 한차례 습격하면 수확을 눈앞에 둔 작물뿐 아니라 집 자체, 사람의 생명까지도 앗아가기 때문입니다. 그리하여 자연재해에 철저히 대응한다고 해도 들이닥치는 여러 재앙에 사람은 그저 한없이 작아질 뿐이지요.

예기치 않게 발생하는 질병 역시 마찬가지입니다. 아무리 의술이 발전했다고 해도 환자는 크게 줄어들 생각을 하지 않지요. 어떤 의사라도 사람을 불로불사로 만들어줄 수는 없기 때문입니다. 아무리 사랑하는 사람이라도 위험한 질병에 걸리면 죽어가는 모습을 속수무책으로 바라볼 수밖에 없습니다. 고작 눈물을 흘리면서 평안하게 떠나보내는 게 할 수 있는 전부지요.

이처럼 사람의 시점에서 보면 해석으로 이루어진 이 세계는 '삶과 죽음'이라는 잔혹한 게임이 영원히 반복되는 세상일 뿐입니다. 그러나 해석의 세계 저편에 있는 '있는 그대로의 세계'에서는 생명이 한 번도 끊기는 일 없이 영원히 이어진다는 사실을 아십니까?

모든 일을 분리해서 인식하는 '해석의 세계'를 살아가는 사람은 삶과 죽음을 생명이 있고 없음으로 나누어서 생각하기에 '사람 안에 생명이 있다'고 믿습니다. 즉 사람뿐 아니라 생물 각각에 개별의 생명이 깃들어 있다고 여기지요.

하지만 '있는 그대로의 세계'를 살아가는 사람은 존재하는 모든 것을 연결고리로 인식하기 때문에 거꾸로 '생명 안에 사람이 있다'고 생각합니다.

이 관점에서 생명은 개별로 있는 것이 아니라 무한히 펼쳐지는 '생명'이란 공간 안에 모든 존재의 움직임이 있는 것입니다. 따라서 생명은 '개별적인 생사의 반복'이 아닌 '끊이지 않는 우주의 호흡'이지요. 그곳에는 빼앗길 생명도, 부여되는 생명도 없습니다.

어떤가요? 완전히 상식의 틀을 벗어난 이야기지요?

그러니 만약 있는 그대로의 세계에 눈을 뜨더라도 다른 사람에게 크게 떠들지 않는 편이 좋을지도 모릅니다. 대다수의 사람이 살고 있는 '해석의 세계'에도 나름의 진실이나 질서를 가지고 있기 때문이지요. 그것은 그것대로 인정하면서 '있는 그대로의 세계'는 가슴속에 품고 따르는 편이 좋을 것입니다.

천지는 어질지 않아 만물을 짚으로 만든 개처럼 여긴다. 성인 또한 어질지 않아 백성을 짚으로 만든 개처럼 여긴다. 천지 그 사이는 풀무와 같다. 비었지만 꺾이지 않고 움직이면 많은 것이 흘러나온다. 말이 많으면 막힘이 잦으니 그 알맞음을 지키느니만 못하다.

天地不仁, 以萬物爲芻狗. 聖人不仁, 以百姓爲芻狗. 天地之間, 其猶橐籥乎. 虛而不屈, 動而愈出. 多言數窮. 不如守中.

생은 어디에서
오고 어디로 가는가

틀에 벗어난 이야기를 한 김에 이런 질문을 던져보겠습니다.

"당신은 언제 태어났나요?"

제 질문은 숫자로 정해진 당신의 생년월일을 묻는 것이 아닙니다. 당신이 '태어났다'고 생각한다면, 그 생명이 언제 어디에서 왔는지를 알고 싶은 것입니다. 도대체 생명이란 언제 어디서부터 시작되는 걸까요?

어머니의 배 속에 있을 때부터 태아는 이미 한 생명으로 여겨집니다. 그러나 태아 이전의 수정란 역시 살아 있는 것이고 수정란 이전의 정자와 난자도 이미 살아 있는 것이지요. 이렇게 계속해서 거슬러 올라간다면, 무엇이 언제 태어났다고 말할 수 있는 걸까요? '개별의 생명'이 있다고 한다면 그것은 언제, 어디서 태어난 것일까요?

아무리 거슬러 올라가고 또 거슬러 올라가도 '생명의 시작'은 발견할 수 없을 것입니다. 자신의 생명이 시작되었다고 단정 지을 만한 기점을 찾을 수 없다는 말이지요.

우리가 '죽음'을 두려워하는 이유는 바로 '내 목숨'이 끊기는 걸 이미지화하기 때문입니다. 하지만 앞에서 말했듯이 '시작'도 하지 않은 것에 '끝'이란 것이 있을 수 없고, '나타지도 않은 것'이 '없어지는 것'도 불가능합니다. 결국 우리가 자연스럽게 표현하는 '태어났다'라든가 '죽었다'는 말 역시 생명이 개별로 존재한다고 믿는 '개인'이 편의상 만들어놓은 해석, 즉 착각이라는 말입니다.

거듭 강조하지만 생명은 형태가 있는 것에 깃드는 것이 아니라 형태가 없는 공간에 가득 차 있는 것입니다. 형태가 아니라 공간이니 나뉘는 일도 시작하는 일도, 끝나는 일도 없이 영원히 이어지는 것이지요.

그것이야말로 모든 존재의 본래 모습입니다.

골짜기의 신은 죽지 않으니 이는 현묘한 모성이다. 현묘한
모성의 문을 천지의 근원이라고 한다. 영원토록 이어지니
또 써도 다함이 없다.

谷神不死. 是謂玄牝. 玄牝之門. 是謂天地根. 綿綿若存, 用之不勤.

제7장

지금,
여기를 산다

당신이 속한 세계에서 모든 해석이 사라진다면 그때부터 펼쳐지는 것이 바로 '있는 그대로의 세계'일 것입니다. 앞서 말한 것처럼 거기에는 '시작'도 '끝'도 없지요. 즉 그곳은 '시간을 초월한 영원의 세계'라는 말입니다.

영원이란 '정신이 아찔해질 정도로 긴 시간'을 의미하는 것이 아닙니다. '시간이 존재하지 않는다'는 뜻이지요.

우리가 당연하게 여기는 시간 개념 또한 실제가 아닌 허상, 즉 사람들이 정해놓은 해석일 뿐입니다. 잘 생각해봅시다. 현재의 당신도 '지금' 이외에는 존재했던 적이 없지 않습니까.

물론 과거를 추억하거나 미래를 그려볼 수는 있겠지요. 하지만 그것 역시 '지금'이라는 순간에서만 가능한 것입니다.

'과거'가 있는 것이 아니라 '기억'과 '기록'이 '지금' 있는 것입니다. 또 '미래'가 있는 것이 아니라 '희망'과 '예측'이 '지금' 있는 것이지요. 이처럼 모든 존재는 전부 '지금' 안에서만 존재할 뿐입니다.

과거부터 미래라는 시간의 흐름은 '해석의 세계'에서나 있는 것이지 '있는 그대로의 세계'에서는 시간을 초월한 '영원한 지금'만 있을 뿐입니다. 이 사실을 깨달은 사람들은 치열하게 사는 법이 없지요. 그래서 마치 '자기 일'은 전부 뒷전으로 하는 것처럼 보이기도 합니다. 몸은 '해석의 세계'에 두고 있지만, 동시에 '있는 그대로의 세계'를 살아가기 때문이지요.

이들을 보건대, 당신에게도 자신을 위해 살려고 애쓰지 말며 살아가라고 말해주고 싶습니다. 그렇게 한다면 자신이 하고자 하는 일도 자연스럽게 이루어질 것이 분명하니 말이지요.

천지는 길고 영원하다. 천지가 길고도 오래갈 수 있는 까닭은 스스로 삶을 도모하지 않아서다. 그러므로 오래도록 산다. 성인은 그 몸을 백성 뒤에 두어 모두의 본보기가 되며 자신을 내버려둠으로써 자신을 보존한다. 사사로움이 없기 때문에 능히 그 사사로움을 이룰 수 있다.

天長地久. 天地所以能長且久者, 以其不自生. 故能長生. 是以聖人, 後其身而身先, 外其身而身存. 非以其無私邪. 故能成其私.

제8장

해석의
세계를 넘어

혹시 당신도 출세욕이 있나요?

'언젠가는 높은 자리에 올라 이 나라를 더 좋은 나라로 만들겠어!'

이런 뜨거운 뜻을 품고 있을 수도 있겠지요. 물론 모두를 생각하는 그 다정한 마음은 소중히 여길 만한 것이기는 합니다.

그런데 혹시 내가 다른 사람을 위해 행동할 때도 '나의 잣대'로 판단한 이해득실의 여부가 개입된다는 사실을 알고 있습니까? 선행을 한다고 해도 때로는 그 행동이 내 기준에서의 선을 다른 사람에게 강요하는 일이 될 수 있다는 말이지요. 그러므로 '모두를 위해서'라는 그 생각도 당신의 해석이라는 사실을 잊지 말아야 합니다.

그렇다면 무엇이 착한 일이고 무엇이 악한 일일까요? 사실 세상 싸움에 '악'은 없습니다. 모든 싸움은 각자가 생각하는 '선'과 '선'의 부딪침일 뿐이지요.

따라서 세상을 구분 지어 인식하는 해석의 세계에서는 나를 위한 것이든, 타인을 위한 것이든 어딘가 모순과 왜곡이 생길 수밖에 없습니다. 각자 자기가 옳고 잘나길 원하기 때문이지요.

"자연스러운 흐름에 몸을 맡기고 싶지 않아. 그런 건 싫어! 나는 좀 더 내 의지대로 위쪽으로 가겠어!"

이렇게 말하면서 흐름을 거스르려는 강을 본 적이 있습니까?

물은 만물을 고루 키워내지만, "내가 준 거야!"라며 뽐내는 일도 없고 "내가 다른 이보다 더 많은 걸 줄 수 있어!"라며 지위를 다투는 일도 없습니다. 그러면서도 모두가 싫어하는 가장 낮은 곳에 머물지요. 언제나 흐름에 맡기고 꾸밈 없는 물은 도와 많이 닮았습니다.

가신이 기준대로 가치를 매기고 우열을 다투는 세계에서 벗어나 있는 그대로 살아간다면 인생은 아주 간단하게 풀릴 것입니다. 사람 사는 곳은 그저 땅이기만 하면 되고, 마음은 깊은 못처럼 고요하고 평안하게 되고, 다른 누군가를 대할 때도 다정해지고 말과 행동에 거짓이 없어질 것입니다.

해석의 세계에 몸을 두면서 있는 그대로의 세계를 살아가면, 자신의 신념에서 나오는 일을 하고 자신이 생각하는 선을 행하더라도 완벽한 기준을 만들어서 따르지는 않게 될 것입니다.

우선 자신에게 뿌리박힌 착각이나 혼란에서 벗어나는 것이 첫걸음입니다. 그리고 기꺼운 마음으로 임할 수 있는 일을 하며 너무 애쓰거나 집착하지 마세요.

그러면서 자신이 생각하는 선을 누군가에게 강요하지 않는다면 그 무엇으로부터 비난받을 일은 없을 것입니다.

최고의 선은 물과 같다. 물은 만물을 이롭게 하면서 다투지 않으며 모든 사람이 싫어하는 곳에 머무니 도에 가장 가깝다. 성인은 머무는 곳으로 땅을 최상으로 여기고 고요한 심연에 마음을 둔다. 다른 사람에게는 어질고 말에는 믿음이 있으며 바르게 다스리고, 일할 때는 능력을 발휘하며 최적의 때에 움직인다. 전혀 다투지 않으니 허물이 없다.

上善若水. 水善利萬物而不爭, 處衆人之所惡. 故幾於道. 居善地, 心善淵, 與善仁, 言善信, 正善治, 事善能, 動善時. 夫唯不爭, 故無尤.

제9장

흐르는 대로
변하는 대로

온갖 원리와 법칙은 변하기 마련입니다. 한시도 쉬지 않고 계속 바뀌는 것이 세상인데, '해석의 세계'를 살아가는 사람은 그 흐름을 거스르려고 합니다. '개인'을 자각하고 '생명'이 유한하다고 믿으면서 무언가를 소유하고 '유지'하는 데 중점을 두지요.

　이들은 물건, 감정, 추억, 인격, 습관, 신념 등 과거에 획득했던 경험과 여러 종류의 '형태'를 잃지 않으려고 필사적으로 '변하지 않는 것'을 모아두려고 합니다. 이는 마치 잔에 술을 가득 부어놓고 넘치지 않도록 언제까지나 지켜만 보는 어리석은 짓이지요.

그런데 아무리 날카롭게 벼려놓는다 해도 계속해서 잘 드는 칼이란 게 존재할 수 있을까요? 집을 금과 돈으로 가득 채워놓았다고 해서 영원히 그것을 지킬 수 있을까요?

소득이 높아졌다 해도 사람들이 마냥 행복해하지 않는 이유는 그것을 잃는 것에 대한 두려움도 커져서입니다. 부나 명예를 획득한 것에 들뜨면 교만해지고, 이는 언젠가 스스로 화를 부르게 됩니다. 영원히 머무는 성공이란 없으니까요.

'지금'이 유일하게 실재하는 이 순간, 지나간 흐름을 멈춰 가둘 방법은 없습니다. 삶은 언제나 새로운 흐름으로 변하니까요. 무리하게 성공을 붙잡으려 해도 고인 웅덩이밖에 되지 않습니다. 즉 어떤 성공을 이뤘더라도 그것은 이미 '과거', 문자 그대로 '지나간 일'에 불과하지요.

그 성공을 언제나 내 것이라 믿고 품으려는 마음을 없애기란 물론 쉽지 않은 일입니다. 하지만 그 마음이 다음에 올 고뇌의 씨앗이 된다는 사실도 잊지 말아야 하지요.

'보편적인 것' 안에 '불변하는 것'은 존재하지 않습니다. 무언가를 그 형태 그대로 모아두기 위해 집착하면 거기에서 고통은 생겨나는 법입니다.

그러니 오는 것 거적 말고 가는 것을 잡지 마세요. 모든 변화에 대항하는 일 없이 흐르는 대로 '지금'을 살아가세요.

계속 채우는 것은 적당한 때 그만두는 것만 못하다. 날을 날카롭게 다듬으면서 오래 보존하는 것은 어렵다. 금은보화로 집을 가득 채워도 이를 지킬 수 없으며 부귀한 것은 교만함과 같아 스스로 그 허물을 남긴다. 공을 이루면 물러나는 것이 도의 이치다.

持而盈之, 不如其已. 揣而銳之, 不可長保. 金玉滿堂, 莫之能守. 富貴而驕, 自遺其咎. 功遂身退, 天之道.

제10장

의도를 버리고
살아가는 법

만약 '있는 그대로의 세계'를 깨달아도 이 사회 속에서 꾸밈없이 '있는 그대로' 살아가는 일은 그다지 쉽지 않을 것입니다. 왜냐하면 우리가 사는 '사회'의 대부분이 여러 '거래'에 의해 이루어져 있기 때문이지요.

사회가 요구하는 기준에 얽매이지 않으며 아무 욕심 없는 순진무구한 갓난아이처럼 마음의 유연함을 가지고 '지금'만을 생기 있게 사는 것이 과연 가능할까요? 당장 '~해야만 해' '~돼야만 해' 같은 강박관념을 떨어내고, 사회로부터 학습된 고정관념에서 벗어날 수 있을까요?

아무 대가를 바라지 않으며 자식을 낳고 키우는 어머니

처럼 모두를 이해타산 없이 사랑할 수 있을까요? 모든 것을 명확히 알면서도 쓸데없이 참견하지 않으며 살아갈 수 있을까요?

도와 함께 살아가는 사람은 '나는 이렇게 되어야만 해' 하고 다그치며 자기 이미지에 묶이는 일이 없습니다. 자신의 삶뿐만 아니라 남을 '구해야지' '개심시켜야지' '성장시켜야지'와 같이 타인의 삶을 통제하려는 의도도 없지요.

'세상은 이래야만 해'라는 이데올로기를 강요하지도 않고 그저 세상의 변화 그 자체를 받아들여 자연스럽게 사랑 안에서 살아갈 뿐입니다.

도는 말이지요. 세상 모든 것을 생산하고 번식시키지만, 그것들이 성장해도 결코 자신의 공이라 하지 않습니다. 만물의 창조자이면서도 지배자를 자처하지 않지요.

이러한 인생의 비밀을 깨닫게 되면 '의도를 가지고' 사는 게 아니라 물 흐르듯 '섭리에 따라' 살게 됩니다.

노자는 이처럼 도를 따라 사는 사람의 덕을 현덕 玄德 이라 일컬었습니다.

정신과 육체를 하나의 상태로 해 떨어지지 않게 할 수 있겠는가. 기를 부드러움에 다다르게 하여 갓난아이와 같아질 수 있겠는가. 마음의 거울을 닦아 현묘함을 지님으로써 흠결이 없을 수 있겠는가. 백성을 사랑하고 다스릴 때 지식 없이 할 수 있겠는가. 하늘 문이 열리고 닫히기를 배우자 없이 할 수 있겠는가. 꾸밈없이 사방을 분명하게 밝혀 통달할 수 있겠는가. 만물을 살게 하며 기를 때 소유하지 않고 의지하지 않으며 수장이 되어도 지배하지 않으니 이를 현덕이라 한다.

載營魄抱一, 能無離乎. 專氣致柔, 能嬰兒乎. 滌除玄覽, 能無疵乎. 愛民治國, 能無和乎. 天門開闔, 能爲雌乎. 明白四達, 能無爲乎. 生之畜之, 生而不有, 爲而不恃, 長而不宰, 是謂玄德.

제11장

마음을 비우면
살아나는 것들

마차의 바퀴는 서른 개 정도의 바큇살로 만들어진 원입니다.
이 바퀴가 바퀴로써 그 역할을 다하려면 중앙에 차축이 통과
하는 구멍인 '공간'이 있어야 하지요.

점토를 반죽하여 그릇을 만들 때도 마찬가지입니다. 그
릇 안에 '텅 빈' 공간이 있어야 비로소 그곳에 물건을 담는다
는 그릇의 역할이 생겨날 수 있습니다.

집을 지을 때도 벽에 문과 창을 위한 구멍을 내고, 그 속
에 공간을 만들어야 합니다. 집에 '텅 빈' 공간이 있어야 방
으로 사용할 수가 있지요. 만약 그 공간이 다른 물건으로 가
득 차 있다면 방으로 쓸 수 없을 것입니다.

사람은 눈에 보이고 손에 잡히는 '형태'를 중요하다 여기지만, 모든 '형태 있는 것'이 존재할 수 있는 이유는 쓸모없어 보이는 '빈 공간'이 그것을 받쳐주고 있기 때문이지요.

처음부터 '공간'이 없었다면 그 무엇도 존재할 수 없었을 것입니다. 당신의 마음도 방과 마찬가지입니다. 마음속이 '나의 해석'으로 가득 차 있다면 다른 사람의 마음이 들어올 수 있을까요? 지식이네 교양이네 하며 쌓아 올린 그 '앎'이라는 짐 때문에 당신의 마음은 점점 좁아져서 다른 것을 받아들일 만한 여유를 잃고 말 것입니다.

나만의 해석과 판단으로 가득 찬 마음을 비워야만 거기에 새로운 것을 유연하게 받아들이고 수용할 수 있는 우리의 본래 기능이 살아날 수 있습니다.

그러니 이 편지에 쓰여 있는 것 또한 '앎'이라는 짐으로 마음에 쌓아두면 안 됩니다.

살아가는 것을
사랑한다는 것

서른 개 바큇살이 하나의 축에 모여도 빈 공간이 있어야 수레로 쓴다. 찰흙을 빚어 그릇을 만들어도 빈 공간이 있어야 그릇으로 쓴다. 창과 문을 뚫어 방을 만들어도 빈 공간이 있어야 방이 된다. 있음은 이로운 것의 바탕이 되고 없음은 쓸모를 낳는다.

三十輻共一穀. 當其無有車之用. 挺埴以爲器. 當其無有器之用. 鑿戶牖以爲室. 當其無有室之用. 故有之以爲利, 無之以爲用.

제12장

행복에도
내성이 있다

사람은 말이지요. 채워지지 않는 마음이 클수록 욕망은 계속해서 부풀어 올라 이것저것 다 원하게 되기 마련입니다. 하지만 탐하면 탐할수록 채워지지 않는 마음은 더 격렬해질 뿐이지요.

그런데 어떻게 보면 요즘 사람들은 모두 '자극 중독'에 걸린 환자처럼 이것에서 저것으로 옮겨 다니며 계속 새로운 자극을 추구하는 것처럼 보입니다.

하지만 화려함을 느끼고자 강렬한 오색의 섬광을 한번에 보고자 하면 어떻게 될까요? 강렬한 빛 때문에 눈이 멀어 버릴 것입니다. 또 모든 소리를 듣고자 한번에 다섯 개의 음

살아가는 것을
사랑한다는 것

을 들으려고 하면 아무것도 들리지 않겠지요.

식탐을 채우고자 단맛과 매운맛, 신맛과 짠맛, 쓴맛의 음식을 한꺼번에 입에 넣게 되면 오히려 아무런 맛도 느낄 수 없을 것입니다. 마찬가지로 더 많은 돈을 가지기 위해 하는 도박은 사람의 마음을 미치게 하고, 귀한 보석은 사람의 행동을 간사하게 만들지요.

그런데도 세상은 채워지지 않는 욕망을 부추깁니다. 사람들은 이에 휩쓸려 '이게 갖고 싶어' '저게 갖고 싶어' 하면서 한층 더 강한 자극을 추구하고 있습니다.

무엇이든 많다고 좋은 것이 아니지요. 약물 중독과 마찬가지로 이미 한번 맛본 자극에 익숙해진 사람은 다음에 좀 더 강한 자극을 느껴도 쉽게 만족할 수 없게 됩니다. 이전에 행복하다고 느꼈던 자극도 내성이 생겨 당연한 것으로 받아들이게 되지요.

게다가 좋아하는 것만 취하여 이상만 좇는다면 그 이상을 이뤄줄 것들에만 몰두한 나머지 오히려 시야가 좁아지고 맙니다. 그리하여 일상의 소소함 속에 숨어 있는 멋진 일들도 놓쳐버리고 말지요.

뜻밖에도 우리가 '바보 같아'라든가 '쓸데없어'라든가 '그런 것에 무슨 의미가 있겠어?' 하고 눈을 돌린 것 중에 행복이 숨어 있기도 합니다.

그렇기 때문에 인생의 비밀을 아는 사람은 일상 속 작은 순간들을 소중히 여기며 눈에 보이는 형태에 갇히지 않지요. 세상이 부추기는 자극을 추구하지 않고 '있는 그대로' 살아가는 것입니다.

온갖 아름다운 색은 사람의 눈을 멀게 하고, 요란한 소리는 사람의 귀를 먹게 하고, 여러 가지 맛은 사람의 입맛을 잃게 한다. 수렵은 사람의 마음을 미치게 하고, 얻기 어려운 재화는 사람이 나아갈 바를 방해한다. 그런 까닭에 성인은 배부름을 위하지 눈요깃거리를 위하지 않는다.

五色令人目盲. 五音令人耳聾. 五味令人口爽. 馳騁田獵, 令人心發狂. 難得之貨, 令人行妨. 是以聖人, 爲腹不爲目. 故去彼取此.

제13장

내가 만든 이미지에
갇히지 않는 삶

칭찬과 비난에 일희일우하고 남들 눈을 신경 쓰면서 살아가는 세상 사람들을 보면 그저 놀라울 따름입니다. 세상 사람들이 '어떻게 하면 칭찬을 받을까?' '어떻게 하면 비난을 받지 않고 넘어갈까?' 하고 자신의 온 신경을 집중하며 하루하루 스트레스를 안고 살아가는 이유는 무엇일까요?

바로 거래의 세계에 매몰되어 있기 때문입니다. 즉 사회적인 인격이 곧 자기 자신이라고 믿는, 심한 착각에 빠져 있는 것이지요. 그러나 사회가 요구하는 틀에 끼워 맞춘 나는 어디까지나 '나의 이미지'일 뿐 나의 진짜 모습이 아닙니다.

만약 이 사실을 깨닫지 못하고 사회적인 인격이 바로

'나 자신'이라고 믿게 되면, 나를 향한 남들의 반응이나 평가를 인생의 지침으로 삼게 됩니다. 그러면 그 순간 '인정받지 못하는 부분을 안고 있는 나'에게 '인정 욕구'가 나타나 자기 자신을 교정하려 들지요. 있는 그대로의 나를 부정하고 '주위의 기대에 부응하는 나'로 꾸미게 되는 것입니다.

물론 그것이 긍정적으로 작용할 때도 있지만, 어떨 때는 인생의 자연스러운 흐름이나 내가 정말 하고 싶은 일을 막는 제약이 되기도 합니다. 다시 말해, 남의 눈을 신경 쓰느라 '내가 아닌 것'이 되려고 하기 때문에 스스로 고뇌에 빠지는 것이지요. 하지만 남들의 기대를 버리고 '꾸며진 나'에 집착하지 않는다면 다른 이들이 어떻게 생각하든 상관하지 않게 될 것입니다.

모두에게 선망의 시선을 받는 누군가를 떠올려봅시다. 그런 사람은 대체로 주변 이목에 얽매이지 않고 본래의 자기를 있는 그대로 숨김없이 드러내며 솔직하게 살아가지요. 이들이 반짝반짝 빛나는 이유는 남들 시선에 아랑곳하지 않고 '있는 그대로의 나'로 살아가기 때문입니다.

혹시 있는 그대로 살아간다면 자신을 욕하거나 비판하는 사람이 있을까 봐 신경 쓰이나요? 만약 당신이 남의 눈을 의식하며 주위의 기대에 부응하며 살아간다고 해도, 이러쿵

저러쿵 비평하는 무리는 언제나 있는 법입니다.

당신이 어떠한 모습을 하든지 남들은 '당신'을 보고 있는 게 아닙니다. 그들은 자신의 '해석에 따라 판단한 당신'을 보고 이래저래 말하는 것일 뿐입니다.

그러니 있는 그대로의 자신을 소중히 여기고, 남들 기대에 타협하지 않는 사람이 되어보는 건 어떨까요?

총애받거나 모욕당하면 놀랄 일을 당한 듯하고, 큰 걱정거리를 귀히 여겨야 한다. 총애받고 모욕당할 때 놀란 듯한다는 건 무슨 말인가. 총애받으면 하등한 것이니 총애받아도 놀란 듯하고 총애를 잃어도 놀란 듯해야 한다. 굴욕도 마찬가지다. 큰 걱정거리를 내 몸처럼 귀히 여기는 건 무슨 말인가. 큰 걱정거리가 있는 까닭은 내가 몸을 가졌기 때문이다. 내 몸이 무에 다다르면 어떤 근심이 있겠는가. 몸을 귀히 여기듯 천하를 다스리면 천하를 맡길 수 있으며 내 몸을 사랑하듯 천하를 사랑하면 천하를 맡겨도 된다.

寵辱若驚. 貴大患若身. 何謂寵辱若驚. 寵爲下. 得之若驚, 失之若驚. 是謂寵辱若驚. 何謂貴大患若身. 吾所以有大患者, 爲吾有身. 及吾無身, 吾有何患. 故貴以身爲天下, 若可寄天下. 愛以身爲天下, 若可託天下.

제14장

'도'는
잡히지 않는 것

결론부터 말하자면 사실 인생의 비밀, 즉 '도'는 잡히지 않는
것입니다.

"아아! 이제야 알겠습니다. 도란 이런 것이었군요!"라고
말한다면, 그 역시 '도'에 '이런 것'이라는 당신의 새로운 해
석을 덧붙인 것에 지나지 않습니다.

'도'라는 것은 우리의 한정된 감각으로는 쉽게 파악할
수 없습니다. 구분 짓거나 나눌 수 없는 전체 그 자체라고 할
수 있으니까요. 그러니 거기에는 '잡는 것'과 '잡히는 것'이
라는 전제가 아예 성립할 수 없습니다. 보아도 보이지 않고,

귀를 기울여도 들리지 않으며, 잡으려고 해도 잡을 수 없지요. 또 '위쪽이 밝고, 아래로 갈수록 어둡다'는 식으로 그 모습을 설명하는 것도 불가능합니다. 애초에 위도 아래도 있는 게 아니기 때문이지요.

쉽게 설명해볼까요? 만약 당신이 지구를 떠나 무중력 공간 안에 떠 있다고 가정해봅시다. 과연 어디가 위고 어디가 아래인지 알 수 있을까요? 끝없이 이어지니 이름을 붙일 수도 없고, 어떤 것을 분별할 수도 없을 것입니다.

즉 도라는 것은 분리 이전의 '무'의 세계로 돌아가는 것이라 할 수 있습니다. 아무것도 없는 세계로 돌아가니 도를 설명하자면 모습 없는 모습, 형태 없는 형상이라고 할 수 있지요.

어떤가요? 지금까지의 설명에 오히려 정신이 혼미해질 것 같은가요? 노자 또한 이를 딱 집어 말할 수 없다고 하여 형상과 형태를 넘어선 현묘한 경지, 즉 '황홀恍惚'이라 하였습니다. 이처럼 맞이하려고 해도 그 앞이 보이지 않고, 뒤를 따라가도 뒷모습을 볼 수 없는 것이 바로 도라는 것입니다.

서두에서 '도'란 '이런 것'이라고 해석한 것처럼, 우리는 해석에 따라 사람과 사물을 분리하고 인식하는 세계에 살고 있습니다. 그리하여 분리와 인식 이전의 세계를 가리키는 '도'를 파악하기란 정말이지 쉽지 않은 일이지요. 하지만 '분리와 인식'은 자의적인 해석에 의해 만들어진 환상에 불과합니다. 그렇다면 이 환상은 해석이 해체되면 사라지는 것 아닐까요?

과거의 기억과 경험으로 만들어 내놓은 '해석'을 깨뜨리고 눈앞에 있는 '있는 그대로의 지금'에 되돌아온다면, 비로소 자신이 만든 '해석'이 무엇인지 깨닫게 될 것입니다. 그렇게 되면 해석의 과정도 알 수 있게 되니 그것을 다스릴 수도 있게 되지요.

해석에 휘둘리는 인생과 작별을 고할 준비가 되었나요? 환상만 깨뜨리면, 해석을 활용하는 새로운 인생이 시작될 것입니다. 이것을 바로 '도의 법칙'이라 하지요.

보려 해도 보이지 않는 것을 이, 들으려 해도 들리지 않는 것을 희, 잡으려 해도 만져지지 않는 것을 미라 한다. 이 세 가지는 물어도 밝힐 수 없는데, 본래 뒤섞였기 때문이다. 이것이 섞인 도는 그 위가 밝지 않고 그 아래가 어둡지 않아 끊임없이 이어져 규정 못 하지만 모든 것이 이곳으로 돌아간다. 이것을 형상이 없는 형상이라 하며 황홀이라 한다. 맞으려 해도 머리를 볼 수 없으며 뒤따르려 해도 뒤를 볼 수 없다. 옛날의 도로써 오늘의 현실을 다스리며, 그 시초를 아는 것을 도의 근본이라 한다.

視之不見, 名曰夷. 聽之不聞, 名曰希. 搏之不得, 名曰微. 此三者, 不可致詰. 故混而爲一. 其上不皦, 其下不昧. 繩繩不可名, 復歸於無物. 是謂無狀之狀, 無物之象. 是爲忽恍. 迎之不見首, 隨之不見其後. 執古之道, 以御今之有, 能知古始. 是謂道紀.

제15장

진중하고
온화한 삶의 원천

도와 함께 살아가는 사람은 깊은 멋과 가늠할 수 없는 지혜가 있습니다. 하지만 이들은 자신을 뽐내지 않고 낮추기 때문에 다른 사람들에게는 그렇게 보이지 않을 수도 있습니다. 세상이 정의하는 성인의 모습과는 거리가 멀게 느껴지기 때문이지요.

이들의 마음속 깊이는 묘사할 수가 없으니, 이들에게 나타나는 표면적인 모습을 한 예로 들고자 합니다.

먼저 이해하기 힘들 정도로 진중해 보입니다. 그 진중함은 겨울에 강을 건너는 사람과 같아 때로는 주위에 깔린 위험을 경계하는 모습처럼 보이기도 합니다.

또한, 누군가의 집을 방문한 손님처럼 몸은 바짝 긴장되어 있고, 예의를 차리는 것처럼 보입니다. 그러면서 사람을 대하는 태도는 봄 햇살에 얼음이 녹는 것처럼 온화하지요.

이들의 꾸밈없는 순박함은 산에서 방금 벌목한 나무와 같고, 어떤 일에도 제약받지 않는 마음의 넓이는 커다란 골짜기를 떠올리게 합니다. 흙탕물 같은 세상의 혼란도 있는 그대로 받아들이고, 필요 없는 참견은 하지 않으며, 그저 진흙이 가라앉아 물이 맑아질 때까지 가만히 곁을 지키지요.

이와 달리 세상 사람들은 혼란스러울수록 이런저런 소동을 일으키곤 합니다. 그러나 진흙 속을 돌아다녀봤자 탁한 것이 맑아지는 일은 절대로 없지요. 어떤 혼란도 소동으로 다스릴 수는 없는 법입니다. 그러므로 어지러운 시기일수록 침착함과 느긋함을 가져야 하지요. 또 무위의 태도를 유지하며 삶을 고의로 통제하려 들지 않는 것이 중요합니다.

하지만 이것을 잘못 생각해서는 안 됩니다. '무위'란 단순히 '아무것도 하지 마' '행동하지 마' 같은 소리를 의미하는 것이 아닙니다. 고의로 행동을 제한하는 것이라면 그것 역시 '조작'이니까요.

노자가 말한 인생의 비밀인 '도'와 함께 살아가는 사람은 그 흐름에 있는 그대로 몸을 맡기고, 맑은 본성을 깨워 그저 조용히 느긋하게 살아갑니다.

앞서 말한 진중함과 온화함은 바로 거기서 생겨나는 것이지요. 또 이들은 결코 자기만족을 향해 달리지 않습니다. 오히려 자신의 그러한 행동이 세상에 혼란을 가중시킬 수 있다고 생각하기 때문이지요. 게다가 이런 '만족하고 싶다'는 욕구는 '나'라고 하는 그릇이 있다고 믿어야 생기는데, 이들에게는 아예 '나'라는 그릇 자체가 없습니다. 바로 그래서 '만족스럽지 못하다'고 느끼지도 못하는 것이지요.

예부터 도를 행했던 사람은 작고 미묘한 것까지 통달해 그 깊이를 알 수 없었다. 그 신중한 태도는 겨울에 냇물을 건너는 듯하고, 조심스럽기는 사방 모든 것을 두려워하는 듯하며, 엄숙한 것은 초대받은 손님 같다. 부드러운 모습은 얼음이 녹는 듯하며, 소박한 것은 막 베어낸 통나무 같고, 마음이 시원하게 트인 것은 골짜기 같다. 모든 것을 포용하는 모습은 탁류 같다. 어느 누가 탁류를 고요히 하여 천천히 맑게 하겠는가. 그 누가 안정된 것을 천천히 생동하게 하겠는가. 도를 터득한 자는 가득 채우려 하지 않는다. 가득 채우지 않기에 새로운 것을 만들 필요가 없다.

古之善爲士者, 微妙玄通, 深不可識. 夫唯不可識, 故強爲之容. 豫兮若冬涉川. 猶兮若畏四隣. 儼兮其若客. 渙兮若氷之將釋. 敦兮其若樸. 曠兮其若谷. 混兮其若濁. 孰能濁以靜之徐淸. 孰能安以動之徐生. 保此道者, 不欲盈. 夫唯不盈, 故能蔽不新成.

제16장

마음을
텅 비우는 법

과연 자신의 의지로 마음을 텅 비우는 것이 가능할까요? 아마도 그건 꽤 어려운 일일 것입니다. '마음을 텅 비워야지' 하고 생각하는 순간, 이미 '해야지'라는 생각 때문에 '텅 빈' 것이 아니게 되니까요. 우선 억지로 '비우자'는 생각 따위는 버리고, 머릿속에서 펼쳐지는 혼잣말에 의식을 집중하고 관찰해보는 건 어떨까요?

보통 '혼잣말'은 자연스럽게 흐르는 것이라 생각 없이 지나치곤 합니다. 하지만 처음부터 의식해보면 혼잣말로 표현되는 사고가 얼마나 처둑벌거숭이인지 알게 될 것입니다. 잠시도 가만히 있지 못하고 계속해서 움직이기 때문이지요.

평소 자극받는 것에 익숙해진 사람들은 사고를 비우고 그저 '가만있는 것'을 힘들어합니다. 몸은 그런대로 꼼짝 않고 가만히 둘 수 있겠지만, 머리는 항상 움직이려고 기를 쓰지요. 머릿속에 떠오르는 생각은 하나로 시작되어 이쪽저쪽으로 눈덩이처럼 불어나기 쉽습니다.

만약 생각이라는 것이 우리 의지대로 튀어나오는 혼잣말이라면 입을 다물어 멈출 수 있겠지만 실제로는 불가능합니다. 잠시도 가만있지 못하는 사고는 우리 의지와 상관없이 어디선가 찾아와 떠오르다가 없어지기를 반복하니까요.

그런데 사람은 떠오르는 하나의 사고를 잡아두고 '이것이 나의 사고'라며 유지하려 합니다. 그 생각에 평가와 비판을 더하거나, 다른 기억들과 연결하면서 더욱 깊이 추구하려 합니다. 끊이지 않는 자동 연상 게임에 빠져드는 것이지요.

아무리 강한 힘으로 종을 치더라도 그 소리의 물결이 자연과 정적으로 돌아가는 것처럼, 사고나 감정도 계속 생각하지 않으면 사라집니다. 그래 봤자 새로운 사고는 다시 차례차례 찾아오지만 말이지요. 여기서 중요한 것은 떠오르고 사라지는 사고와 사고 사이에 아주 작은 '공백空白'이 있다는 사실입니다. 그 공백에 있는 '정적'이야말로 모든 존재의 기초입니다. 모든 것이 그곳에서 나타나고 그곳으로 돌아가지요.

정적은 만들어지는 것이 아닙니다. 정적이라는 기반에 소란이 있을 뿐이지요. 평화는 만들어지는 것이 아닙니다. 평화라는 기반에 싸움이 있을 뿐이지요. 행복은 만들어지는 것이 아닙니다. 행복이라는 기반에 불행이 있을 뿐이지요.

정적도 평화도 행복도 '원래부터 있는 존재의 본질'입니다. 단지 끊임없이 계속되는 소란이나 싸움, 불행에 덮여 있을 뿐이지요. 우리는 처음부터 정적과 평화, 행복이라는 기반에 서 있는데, 세상 사람들은 왜 그것을 얻으려 하는 것일까요? 사람들이 만들어내려는 것은 대체 무엇일까요?

그 '정적'이란 존재 기반으로 돌아가는 것, 근원으로서의 생명에 돌아가는 것을 노자는 '평상平常'이라고 했습니다.

이 '평상'을 모르면, 정적이나 평화, 행복을 멋대로 '얻어야지' '만들어야지' 하며 결국 일을 그르치고 맙니다. 그러나 '평상'을 알면 무슨 일이 일어나도 '있는 그대로' 받아들이게 되지요. 이때 만물을 '내가' 받아들인다며 자신의 존재를 구별하지 말아야 '도와 함께 살아간다' 할 수 있습니다.

어떤 소동에도 '정적'이 기반으로 존재한다는 사실을 기억하세요. 그러면 평생 어떤 일이 생겨도 동요하지 않게 될 것입니다.

마음을 끝까지 비우고 고요함을 지켜서 만물이 어우러지면 나는 만물이 근원으로 돌아가는 것을 볼 뿐이다. 만물은 무성하지만 저마다 근원으로 돌아간다. 근원으로 돌아가는 것을 고요함이라 하는데 이는 본성을 회복한다는 의미다. 본성을 회복하는 것을 상이라 하며 이를 아는 것을 명이라 한다. 상을 모르면 망령되고 쓸데없는 짓을 하고 상을 알면 만물을 포용한다. 포용하면 공평해지고, 공평해지면 천하를 온전하게 하니, 이것이 도의 이치다. 도와 부합하면 몸이 끝날 때까지 위태롭지 않다.

致虛極. 守靜篤. 萬物竝作. 吾以觀復. 夫物芸芸. 各復歸其根. 歸根曰靜. 是謂復命. 復命曰常. 知常曰明. 不知常, 妄作凶. 知常容. 容乃公. 公乃王. 王乃天. 天乃道. 道乃久. 沒身不殆.

제17장

리더는
드러나지 않는다

제일 좋은 리더는 "아아, 그리고 보니 그런 사람도 있었네!" 하고 사람들에게 존재가 알려졌을 뿐인 사람입니다.

그다음으로 좋은 리더는 "그 사람은 멋진 사람이야!" 하고 모두에게 친숙하고 칭찬받는 사람입니다.

그다음으로 좋은 리더는 "그 사람은 화가 나면 무서우니까, 그가 하는 말은 듣는 게 좋아"라며 모두가 두려워하는 사람입니다.

최악의 리더는 "그런 사람이 하는 말을 누가 듣겠어!" 하고 뒤에서 수군거리게 만드는 사람이지요.

좋은 리더가 되려면 어떻게 해야 할까요? 일단 리더에

게 성실함이 없으면 누구에게도 신뢰받지 못할 것입니다. 그렇다고 해서 뭐든지 사람들 말대로 '해주는' 것이 좋은 리더냐고 묻는다면 그건 또 아니지요.

잠시 아이가 숙제하는 것을 지켜보는 부모의 입장이 되어볼까요?

아무리 "엄마 아빠, 고맙습니다!" 하고 아이가 고마워하더라도 모든 문제를 부모가 대신 풀어준다면 과연 의미가 있을까요? 그렇다고 아이에게 "놀지만 말고 얼른 숙제해야지!" 하고 소리만 지르는 것도 생각해볼 문제입니다.

가장 좋은 방법은 응원과 조언을 최소한으로 자제하고, 아이가 스스로 해내는 모습을 묵묵히 지켜봐주는 것입니다. 쓸데없는 도움은 자칫 아이를 얕잡아 보는 교만한 행위로 이어질 수 있기 때문이지요.

아무리 누군가의 도움이 절실하다 해도 도가 지나치면 남을 의존하게 됩니다. 그러면 자신이 본래 발휘할 수 있는 창조성이나 가능성을 잃어버리게 될 수도 있지요. 반대로 사회를 위해서, 누군가를 위해서 무엇인가를 해줄 수 있다는 생각이 들더라도 앞으로 나서지 않고 뒤에서 드러나지 않게 돕는 정도가 좋습니다.

가장 훌륭한 정치가는 백성에게 존재를 드러내지 않는다. 그다음 훌륭한 정치가는 백성이 그를 사랑하고 칭찬한다. 그다음 훌륭한 정치가는 백성이 그를 두려워하며, 그다음 훌륭한 정치가는 백성이 그를 업신여긴다. 진실하지 못하면 백성은 정치가를 믿지 않는다. 말과 행동을 신중히 하여 공을 이루어도 백성은 스스로 그렇게 한 것이라 한다.

太上下知有之. 其次親之譽之. 其次畏之. 其次侮之. 信不足焉, 有不信焉. 悠兮其貴言. 功成事遂, 百姓皆謂我自然.

제18장

사랑의
해석에 반대한다

도를 잃어버리는 것은 사랑을 잃어버리는 것과 같은 것입니다. 진정한 사랑을 완전히 잊어버린 사람들은 그 공허함을 메우기 위해 다른 사람들에게 정이나 의리를 바라게 되지요.

만약 '나'와 '당신' 사이에 있는 마음의 벽이 허물어지고, 모든 것을 있는 그대로 받아들여 하나가 된다면 그곳에 진정한 '사랑'이 흐를 것입니다. 하지만 '나는 나' '너는 너'라는 마음의 벽을 세운 채 관계를 맺는다면 그 사이에 오가는 마음은 사랑이 아닌 '정'이나 '의리'일 뿐이지요.

물론 정이나 의리에도 배려와 호의는 있지만, 거기에는 어떤 종류의 '거래'나 '조건'이 따라다니기 마련입니다.

예를 들어 부부 사이에서 "나는 당신을 사랑하니까 당신도 그에 걸맞게 나를 사랑해줘"라든가, 부모 자식 사이에서 "착한 아이로 지내면 다정하게 대해줄게" 같은 말들이 그렇습니다.

'해석의 세계'를 살아가는 사람은 일정한 조건을 만족시키지 못하면 그 사람이나 상황을 온전히 받아들이지 못합니다. 있는 그대로 상대를 받아들이지 못하고, 자신이 받아들일 수 있는 상태로 '변하라'고 요구하기 시작하면서 자신의 기준에 맞춰 상대방을 통제하려는 조작이 생겨난다는 말입니다.

또한 상대방의 마음에 들고자 하는 마음이 앞서 있는 그대로의 나를 인정하지 못하게 되면, 상대방이 원하는 조건에 어울리도록 나를 인위적으로 꾸미려 할 것입니다.

그렇게 '나'라는 자의식이 강해져 거래의 세계에 빠져들수록, 사람은 진정한 사랑으로부터 멀어져 가겠지요.

도를 잃어버리는 것은 명석함을 잃어버리는 것과 같습니다. 명석함을 잃어버린 탓으로 그 자리에 약아빠진 지혜가 들어와 세상을 둘러싼 규칙과 조건을 마구 만들어내고 있습니다. "저것을 해" "이것은 하지 마"와 같은 별별 종류의 제약이 만연해 있지요. 이런 조건과 규칙에 점점 의존하다 보면, 틀에 묶인 인생에서 벗어나기 어려울 것입니다. 세상이 던져주는 그럴듯한 정보에 홀리며 살아가게 되겠지요.

하지만 모두가 진정으로 원하는 것은 마땅히 그래야 하는 '옳음'도 아니고 사회가 만들어놓은 '규칙'도 아닌, 진정한 '사랑'이 아닐까요?

큰 도가 무너지면서 인의가 생겨났다. 지혜가 사람에게서 멀어지자 교묘한 지혜가 나타나 큰 거짓이 생겨났다. 가족 간에 화목하지 못하니 효행과 자애가 생겨났다. 국가가 혼란해지고서야 충신이 나타났다.

大道廢, 有仁義. 慧智出, 有大僞. 六親不和, 有孝慈. 國家昏亂, 有忠臣.

제19장

행복은
미래에 양보하지 않는 것

지금까지 갖고 있던 이상이나 지식에 대한 집착을 전부 버려
보는 건 어떨까요? 예상할 수 없는 모든 미래에 대해 단념해
보는 건 어떨까요?

　세상은 '진화네, 성장이네' 하면서 사람들을 부채질해댑
니다. 하지만 '진화'나 '성장'에는 끝이란 것이 존재하지 않
지요. 뒤집어 생각해보면 이런 말은 이상과 미래를 핑계 삼
아 사람들로 하여금 '지금'을 부정하고 '있는 그대로'를 거부
하게 만들 뿐입니다.

　만약 무언가를 달성하지 않으면 불안해지는 강박관념
이 있다면, 또 지금 눈앞의 '해석'이 모든 고민의 시작이라는

것을 깨달았다면, 그 강박관념이나 해석을 과감하게 버려봅시다. 그러면 있는 그대로의 '지금'에 편안함을 느낄 수 있을 것입니다. 아니, 그렇게 했을 때 훨씬 행복한 인생을 살 수 있을 것입니다.

자, 마음속을 잘 들여다보세요. 우리가 가진 고민이나 불안은 모두 '과거와 미래' 속에 있다는 걸 발견했나요? 잘 생각해보면, 사실 우리는 '지금'을 통해서만 무언가를 느낄 수 있습니다. 과거나 미래라는 건 '생각'은 할 수 있어도 느낄 수는 없지요. 만약 우리가 '지금' 안에서 살아간다면 스트레스 따위는 생겨날 틈이 없을 것입니다.

'행복'은 아무리 뭐라고 해도 '지금' 속에서만 발견할 수 있는 것입니다. 그런데도 사람들은 눈앞에 있는 '지금'은 보지 않고, 존재하지도 않는 '미래'로만 눈을 돌리려 하지요. 미래와 함께 동정심이나 정의감 같은 과거에 키웠던 신념과도 결별해버리는 것은 어떨까요?

사회의 쓸데없는 강요가 없어진다면 사람들은 진정한 사랑을 발휘하여 서로를 사랑할 수 있을 것입니다. 불안해서 '서로 뺏고 빼앗는' 경쟁 관계가 아닌, '서로 주고' '서로를 지지하는' 관계를 형성할 수 있게 되겠지요.

성인이 되려는 마음을 없애고 지혜를 버리면 백성의 이익
은 백배가 되며, 인의를 버리면 백성은 효와 자애로 다시
돌아온다. 교묘한 기교와 이익을 버리면 도둑이 사라진다.
이 세 가지는 글로 꾸미는 것이 부족하니 사람은 소박함을
지키고 사사로운 욕심을 줄여 근본으로 돌아가야 한다.

絶聖棄智, 民利百倍. 絶仁棄義, 民復孝慈. 絶巧棄利, 盜賊無有.
此三者, 以爲文不足, 故令有所屬. 見素抱樸, 少私寡欲.

제20장

세상이
나를 몰라줄 때

과연 많이 배운다고 해서 지혜로워지는 걸까요? 오히려 배우는 것을 그만두면 작은 일에 끙끙대며 고민하는 일이 없어질 것입니다. 물론 지식과 교양이 문제를 해결해주는 경우도 있습니다. 하지만 본래 그 고민과 문제를 만들어내는 것도 바로 지식이나 교양이지 않습니까.

예컨대 예의 바르게 "예" 하고 대답하는 것과 스스럼없이 "응" 하고 답하는 것 사이에는 어떤 '다름'이 있을까요? 그리고 그 다름은 누가 정했을까요?

"이 아이를 구별해야지. 윗사람에게 대답할 때는 '응'이 아니라 '예'라고 해야지!"

이렇게 호통치며 눈살을 찌푸리는 사람도 있겠지요. 하지만 그가 말하는 옳고 그름 사이에는 얼마만큼의 차이가 있을까요?

그런데도 "아니, 그래도 모두가 조용히 앉아 있는 자리라면 나도 그렇게 있어야 하지 않겠어요?"라고 말한다면 도를 자각하는 것에서 더 멀어질 뿐입니다.

세상 사람들이 마치 축제를 즐기는 듯 기뻐하고 있어도 저는 아직 웃는 표정도 지을 수 없는 갓난아이처럼 혼자 담담할 뿐입니다. 웃고 떠드는 그들을 가만히 바라보며, 그 어디에 속하는 일 없이 혼자 떨어져 망연히 서 있을 뿐이지요.

모두 무언가를 넘치게 가지려 하지만 저는 아무것도 품고 있지 않습니다. 저 역시 종잡을 수 없는 이상한 사람일지도 모르겠습니다. 세상 사람들이 소중히 품고 있는 것이나 원하는 것을 조금도 중요하다 생각하지 않으니까요.

높은 분들이 세상사를 다 안다는 듯한 얼굴로 소신을 갖고 연설하는 것을 바라보면 저는 '과연 그럴까' 싶은 마음에 혼자 어두워집니다. 모두 그 연설에 따라 빠릿빠릿하게 일하고 있는데, 저만 '왜 그래야 하지?' 싶어서 떨떠름해하지요. 그저 출렁이는 바다처럼 흔들리고 휘몰아치는 바람처럼 정처 없이 떠돌 뿐입니다.

저는 모두가 당연하게 여기는 상식이나 가치에 집착하는 일 없이 '있는 그대로'의 삶을 선택한 것입니다.

일반적인 사회의 기준과는 매우 다르겠지만, 제게 있어서 가장 중요한 것은 갓난아이가 어머니 품에 안겨 있듯, 도의 품 안에서 있는 그대로의 삶을 살아가는 것이니까요.

학문을 그치면 근심이 없다. '유'와 '아'가 얼마나 다른가. 선과 악의 차이는 얼마나 되는가. 사람들이 두려워하는 것이 어찌 나라고 두렵지 않겠는가. 망망하여 끝이 없다. 사람들이 희희낙락하는 모습은 큰 잔치를 벌이는 듯, 봄날 누각에 오른 듯한데 나만 홀로 아직 웃을 줄 모르는 갓난아이 같다. 나른하고 축 처져 돌아갈 곳이 없는 듯하다. 다들 여유가 있는데 나만 홀로 남아 있다. 어리석은 마음이다. 사람들은 모두 사리에 밝은데 나만 어수룩하다. 그러나 나는 고요한 바다 같고 머물지 않는 바람 같다. 세상 사람들은 살아가는 이유가 있지만 나는 홀로 완고하다. 나만 외로이 세상 사람들과 떨어져 존재와 도만을 귀히 여긴다.

絶學無憂. 唯之與阿, 相去幾何. 善之與惡, 相去何若. 人之所畏, 不可不畏. 荒兮其未央哉. 衆人熙熙, 如享太牢, 如春登臺. 我獨怕兮其未兆, 如嬰兒之未孩. 累累兮若無所歸. 衆人皆有餘. 而我獨若遺, 我愚人之心也哉. 沌沌兮. 俗人昭昭. 我獨若昏. 俗人察察. 我獨悶悶. 澹兮若海, 飂兮若無止. 衆人皆有以. 而我獨頑似鄙. 我獨異於人而貴食母.

제21장

당신의 눈앞에서
쉼 없이 움직이는 도

진정한 현실을 사는 사람은 변화를 거스르지 않고 도의 힘을 따라 살아갑니다. 이 도의 힘은 사람의 능력으로는 젤 수 없는 영역에 있기 때문에 사람들 대부분은 '직접 인식할 수 없다'는 이유만으로 "정말 그런 것이 있어?"라며 의심하지요.

하지만 도의 힘은 틀림없이 존재하며 언제나 눈앞에 있습니다.

물론 도는 막연하여 손에 잡히지 않는 것이긴 합니다. 그래서 언제나 눈앞에 있지만 알아채기가 쉽지 않지요. 그런데 말입니다. ㄱ 모일 듯 말 듯 형용할 수 없는 도 안에도 '형상'과 '본질' 그리고 '이치' 같은 것이 존재하고 있습니다. 이

것이 어우러져 우리 눈앞에 보이는 모든 존재가 생겨나고 쉼 없이, 활발하게 움직이고 있는 것이지요. 그래서 도를 '모든 존재의 어머니'라고 하는 것입니다. 이러한 도는 옛날부터 현재에 이르기까지 늘 작용하고 있고, 한시도 그 작용을 멈춘 적이 없습니다.

지금 이 순간에도 도가 작용을 하고 있는지 어떻게 아느냐고 묻는다면, 우리 눈앞에서 벌어지고 있는 여러 가지 현상을 보라고 말하고 싶네요. 이 현상이야말로 도가 끊임없이 작용하고 있다는 증거니까요.

이렇게 생각해볼까요? '당신이 움직이고 있는' 것이 아니라 '움직임'이 '당신을 포함한 모든 것의 현상'으로 나타나고 있는 거라고요. 또 '당신이 살아 있는' 것이 아니라 '삶'이 '당신을 포함한 모든 것의 현상'으로 나타나고 있다고 말입니다.

알 듯 말 듯한 이 말을 곰곰 되새기다 보면, 도의 실마리를 잡을 수 있을 것입니다.

큰 덕의 모습은 도를 따를 뿐이다. 도라는 것은 오직 황홀한 상태에서 나타난다. 황홀하지만 그 속에는 형상이 있고 존재가 있다. 그윽하고 어렴풋하지만, 그 속에는 참된 정기가 있으니 그 안에 신실함이 있다. 예부터 지금까지 그 이름은 사라지지 않았으니 이것으로 만물의 시작을 살필 수 있다. 내가 어떻게 만물의 시작을 알 수 있겠는가. 도의 오묘함을 빌려 안 것이다.

孔德之容, 唯道是從. 道之爲物, 惟恍惟惚. 惚兮恍兮, 其中有象. 恍兮惚兮, 其中有物. 窈兮冥兮, 其中有精. 其精甚眞, 其中有信. 自古及今, 其名不去, 以閱衆甫, 吾何以知衆甫之然哉, 以此.

제22장

버드나무에
눈이 쌓여 부러질까

강한 바람이 부는 모습을 떠올려봅시다. 그럴 때 딱딱한 나뭇가지는 부러지기 쉽지만, 부드럽게 구부러지는 가지는 잘 견뎌 꺾이는 일이 없지요.

예를 더 들어볼까요? 애벌레는 스스로 접을 수 있으니까 뻗을 수도 있는 것입니다. 또 웅덩이가 있으니까 흐르는 물을 그곳에 담을 수 있는 것이지요. 옷도 해져야 새 옷을 입게 됩니다.

아무것도 갖고 있지 않으면 작은 것에도 만족하지만, 많이 갖고 있으면 그때부터는 잃는 일뿐이라 당황하고 걱정만 늘겠지요.

도의 흐름에 따라 살아가는 사람은 어떤 변화에도 거스르지 않습니다. 이런 사람은 굳이 자신을 꾸미지 않기 때문에 본래 개성이 더욱 빛을 발하지요. 옳다고 고집하지 않으니 있는 그대로의 사실이 명확하게 드러나며, 자만하지 않으니 타인이 공경하게 됩니다.

또한 사람을 얕잡아 보지 않기에 언제나 존경을 받고, 경쟁심이 없으니 세상에 적으로 대할 게 없습니다.

'버드나무에 눈이 쌓여 부러질까'라는 말이 있습니다. 어떤가요? 들을수록 정말 멋진 표현이라는 감탄이 절로 나오는 말입니다.

당신도 딱딱한 나뭇가지처럼 꼿꼿이 서서 위세를 떨려고 하지 마십시오. 부드럽게 구부러지는 가지처럼 바람이 부는 대로 휘어지며 살아가세요. 그렇게 한다면 언제까지나 자신을 온전히 지키며 살 수 있을 것입니다.

굽으면 온전해지고 구부리면 곧아진다. 파여야 채워지고, 헤져야 새로워진다. 적게 가지면 얻고 많이 가지면 미혹된다. 성인은 하나의 도만을 품어 천하의 본보기가 된다. 스스로 나타내지 않으니 그 존재가 빛나고, 스스로 옳다 하지 않으니 그 옳음이 나타난다. 스스로 내세우지 않으니 공을 이루고, 뽐내지 않으니 오래간다. 다투지 않으니 아무도 그와 다투지 않는다. 굽으면 온전해진다는 옛말이 어찌 허언이겠는가. 진실로 온전하려면 도로 돌아가야 한다.

曲則全. 枉則直. 窪則盈. 敝則新. 少則得. 多則惑. 是以聖人, 抱一爲天下式. 不自見, 故明. 不自是, 故彰. 不自伐, 故有功. 不自矜, 故長. 夫唯不爭, 故天下莫能與之爭. 古之所謂曲則全者, 豈虛言哉. 誠全而歸之.

제23장

현자의 얼굴은
하나가 아니다

우리 삶은 언제나 온화하고 맑은 날만 있을 수가 없습니다. 바람이 들이치는 날도 있고, 비나 눈을 뿌리는 날도 있으며 벼락이 떨어지는 날도 있습니다. 소란스러웠던 회오리바람도 반나절이 지나면 사라지고, 소나기도 온종일 내리는 법이 없지요. 자연은 이런 방식으로 수다를 떨기도 합니다.

만약 이렇게 바람을 불게 만들고 비를 내리게 하는 누군가가 있다면, 그건 아마 신神일 것입니다. 신마저도 하나의 상태를 지속시키지 않는데, 하물며 사람이 하나의 모습으로 일관되게 살 수 있을까요?

도를 깨닫고 도와 함께 살아가는 사람일지라도 '언제나

같은' 모습으로 있는 건 아닙니다. 그들도 여러 표정으로 살아가지요.

혹시 '진실을 깨우친 성인은 어떤 순간이라도 미소를 잃지 않는다'라든가, '깨달음을 얻으면 인생에서 행복한 일만 일어나게 된다'는 말을 들어본 적이 있습니까? 사실 이러한 말들은 실제로 존재할 수 없는 상상에 불과합니다.

깨달음을 얻은 자라 해도 똑같이 맑은 날도 있고, 흐린 날도 있습니다. 물론 비가 오는 날도 있지요. 하지만 그는 기쁨과 하나가 됐을 때 기쁨 또한 그를 받아들여 기뻐하고, 우울과 하나가 됐을 때 우울 역시 그를 받아들여 기뻐하고, 슬픔과 하나가 됐을 때 슬픔 역시 그를 받아들여 기뻐한다는 점이 다를 뿐입니다.

즉 있는 그대로 살아가는 사람은 그때그때 나타나는 마음의 움직임에 저항하지 않는다는 뜻입니다. "이런 곳에서 눈물을 보일 줄 알고?" "지금 화를 내면 어른스럽지 못하니까"라는 틀에 갇혀 있지 않아 오히려 아주 자연스럽게 감정을 받아들이고 느낄 수가 있지요. 물론 그런 감정들을 계속 질질 끄는 일도 없고 말입니다.

주위를 둘러보면 깨달음을 얻었다면서 솔직한 마음은

감추고 어떤 순간이든 평정을 유지하는, 현자의 얼굴을 한 사람들이 있습니다. 거짓으로 꾸며낸 얼굴로 내뱉는 그들의 말을 어떻게 신뢰할 수 있을까요?

당신 주변에 혹여 무슨 일이 일어나도 미동조차 하지 않으며, 똑같은 얼굴로 대하는 사람이 있다면 부디 조심하라 말해주고 싶습니다.

자연은 고요하다. 표풍은 아침 내내 불지 않고 취우는 온종일 내리지 않는다. 누가 이렇게 하는가. 천지다. 천지의 조화도 오래가지 못하는데 하물며 사람은 어떠하겠는가. 도를 따르는 자는 도와 같아지고, 덕을 얻은 자는 덕과 같아지며, 도를 잃은 자는 도가 없는 것과 같다. 도와 함께하면 도 또한 즐겁게 그를 받아들이고, 덕과 함께하면 덕 또한 즐겁게 그를 받아들인다. 도를 잃는 것을 당연히 여기면 도 또한 그를 버린다. 믿음이 부족하면 불신이 생긴다.

希言自然. 故飄風不終朝, 驟雨不終日. 孰爲此者, 天地. 天地尙不能久, 而況於人乎. 故從事於道者, 道者同於道. 德者同於德, 失者同於失. 同於道者, 道亦樂得之. 同於德者, 德亦樂得之. 同於失者, 失亦樂得之. 信不足焉, 有不信焉.

제24장

남은 밥을
고마워하는 사람은 없다

남들보다 커 보이고 싶어 뒤꿈치를 들고 까치발을 한다고 해서 실제로 그가 커 보일까요? 또 그 상태로 계속해서 서 있을 수 있을까요? 또 남들보다 멀리 가고 싶다며 평소보다 큼직한 걸음으로 걷는다고 멀리까지 갈 수 있을까요?

'나는 이런 사람이야'라며 자기 이미지를 사람들에게 내세우고 그 이미지에 매달리는 한, '있는 그대로의 세계'는 보이지 않을 것입니다.

또 자신이 중요하다고 여기는 어떤 신념이나 정의, 가치관이 가장 옳다고 고집하는 한 '있는 그대로의 세계'는 보이지 않을 것입니다.

자신을 크게 보이고자 뒤꿈치를 든 채 까치발을 해봤자 자신의 키는 변하지 않지요. 멀리 갈 수 있다며 평소보다 큰 걸음으로 걸어봤자 자신이 걸을 수 있는 거리는 정해져 있습니다. 좀 더 명확하게 말해볼까요? 자신의 능력을 뽐내며 잘난 체하는 사람은 거북해 보입니다. 더 나아가 자신이 세운 공을 가지고 우쭐대면 모두가 배척하기 마련이지요.

사실 요즘에는 이렇게 실제 자신보다 더 크게 보이고자 무언가를 어필하려는 사람이 너무나 많습니다. 하지만 그런 자기주장은 그저 '남은 밥'에 불과하지요. 차려놓은 음식을 배불리 먹고 나면 사람들은 남은 밥을 쳐다보지도 않습니다. 고마워하지도 않고 말이지요.

자신의 능력을 남들에게 내세우고 싶을 때마다 되새기길 바랍니다. 자신의 모습이 뒤꿈치를 들고 까치발을 든 채 위태위태하게 서 있는 것처럼 보인다는 것을 말입니다.

발끝으로 선 자는 오래 설 수 없고 큰 걸음으로 걷는 자는 오래 걸을 수 없다. 스스로 내세우는 자는 지혜롭지 못하며, 스스로 옳다 하는 자는 빛나지 못하고, 스스로 뽐내는 자는 오래 못 간다. 도의 견지에서 이는 남은 음식이요, 쓸모없는 행동이다. 도를 아는 자는 이처럼 행동하지 않는다.

企者不立. 跨者不行. 自見者不明. 自是者不彰. 自伐者無功. 自矜者不長. 其於道也, 曰餘食贅行. 物或惡之. 故有道者不處.

제25장

커다란 무언가에
나를 맡기다

이 세상이 나타나기 전을 생각해봅시다. 먼저 혼돈이 있었지요. 소리와 형태도 없고, 아무것에도 의존하지 않는 유일무이한 혼돈이 멈추는 일 없이 계속 돌고 있었습니다.

노자는 이것이야말로 세상을 낳은 어머니라고 하며 '도'라고 불렀습니다. 하지만 여기서 말하는 도 또한 어디까지나 일컫기 위해 붙인 가명에 지나지 않습니다.

그러니 도라는 단어가 딱히 무엇을 말하는지 알 수 없다면, 다른 이름인 '커다란 무언가'라고 불러도 상관없습니다. 이 '커다란 무언가'는 끝없는 우주 저 멀리 펼쳐질 만큼 큽니다. 그러면서 다시 근원으로 돌아오는 것이지요.

바로 이 '커다란 무언가'인 도는 하늘이기도 하고 땅이기도 하고 사람이기도 합니다. 즉 도와 하늘, 땅과 사람 모두 '커다란 무언가'인 것이지요.

보이는 법이나 나타나는 법은 다를지라도 모든 존재는 이 커다란 어머니, 즉 도의 품에 안겨 있다는 이야기입니다. 사람은 땅의 법칙을 따르고, 땅은 하늘의 법칙을 따르고, 하늘은 도의 법칙을 따르고 있으니까요.

그럼 '도'는 어떤 법칙을 따르고 있느냐고요? 도는 그저 '있는 그대로' 자연의 섭리를 따를 뿐입니다.

혼성하여 이루어진 그 무엇은 천지보다 먼저 생겨났다. 적막하고 고요한데 홀로 있으면서 변함이 없다. 두루 움직이면서도 위태롭지 않으니 만물의 어머니라 한다. 나는 그 이름을 알지 못하기에 도라 하고 억지로 이름을 붙인다면 크다 한다. 이 큰 것은 끝없이 가며, 끝없이 멀리 가면 되돌아온다. 도는 크고 천지도 크며 사람 또한 크다. 천하에 있는 네 가지 큰 것에 사람이 있다. 사람은 땅을 본받고, 땅은 하늘을 본받으며, 하늘은 도를 본받고, 도는 자연을 본받는다.

有物混成, 先天地生. 寂兮寥兮. 獨立而不改, 周行而不殆. 可以爲天下母, 吾不知其名. 字之曰道. 強爲之名曰大. 大曰逝. 逝曰遠. 遠曰反. 故道大, 天大, 地大, 王亦大. 域中有四大, 而王居其一焉. 人法地, 地法天, 天法道, 道法自然.

제26장

경솔한 사람 vs.
진중한 사람

사람은 여러모로 경솔합니다. 언제나 가만있지 못하고 부주의한 데다 지레짐작에 실패도 많지요. 그러니까 우리는 더욱 단단히 마음에 닻을 내려야 합니다.

정적으로 돌아가 안절부절못하고 술렁대는 마음을 진정시켜야 한다는 말이지요. 이런 진중함은 사람의 행동거지를 '가벼운 것'이 아니라 '경묘輕妙한 것'으로 이끌어줍니다.

'진중함'이라는 것은 말이지요. 마음에 떠오르는 '반응'을 비끄러보는 것입니다. 즉 어떤 사실이나 현상을 마주했을 때 '지금 나에게 어떤 해석이 생겨나고 있는가?' '신체에는 어떤 변화가 일어나고 있는가?' 하고 하나하나에 의식을 집중해보는 것이지요.

경솔한 사람은 자극이 있으면 곧바로 반응하고, 그 반응은 무의식중에 행동으로 옮겨집니다. 하지만 마음에 어떤 반응이 나타나는지를 숙고하며 관찰하면, 그 반응이 행동으로 옮겨지기 전에 생각할 수 있는 '한 템포'가 생겨납니다.

이렇게 마음에 떠오르는 반응을 바라보게 될 때, 행동거지는 '무의식의 반사적 행동'에서 '정확한 대응'으로 변해가는 것이지요.

도와 함께 살아가는 사람에게는 이 '경솔함'이란 것이 없습니다. 그들은 여행을 하며 종일 걸어도 '진중함'을 실은 무거운 짐마차에서 떨어지는 일이 없지요. 그리하여 눈앞에 화려한 풍경이 펼쳐진다 해도 들떠서 호들갑 떠는 일 없이 느긋하게 있습니다. 그런데 만약 커다란 나라를 통치하는 리더가 별것 아닌 일로 세상에 노여움을 쏟아내고, 초조해하며 경솔한 태도를 보인다면 어떻게 될까요?

'경솔한 행동거지'는 자기 자신조차 잊어버리게 만듭니다. 이런 행동을 계속하며 떠들썩하게 굴다가는 자신의 지위뿐 아니라 가진 것을 모두 잃을 수 있다는 것을 기억해야 합니다. 역사가 증명했듯이 말이지요.

무거운 것은 가벼운 것의 근본, 고요한 것은 조급함의 지배자다. 성인은 온종일 다녀도 짐수레를 떠나지 않는다. 비록 화려한 볼거리가 있다 해도 초연하여 편안하게 머무른다. 어찌 왕과 같은 몸이 천하를 가볍게 다루겠는가. 경솔하면 반드시 근본을 잃고 조급하면 왕위를 잃는다.

重爲輕根, 靜爲躁君. 是以聖人, 終日行, 不離輜重. 雖有榮觀, 燕處超然. 奈何萬乘之主, 而以身輕天下. 輕則失本, 躁則失君.

쓸모없는
인생은 없다

뛰어난 마부가 마차를 몰고 지나간 길을 본 적이 있습니까? 바퀴 자국 하나 남지 않아 아마 당신은 무엇이 지나갔는지도 모를 것입니다.

마차를 잘 모는 사람은 길에 바퀴 자국을 남기지 않습니다. 타이르는 것이 능숙한 사람의 말에는 가시가 없지요. 계산 잘하는 사람은 주판을 쓰지 않고도 셈을 합니다. 문단속 잘하는 사람은 잠금장치가 없어도 문이 열리지 않게 합니다. 짐 잘 싸는 사람은 끈이 없어도 풀리지 않게 짐을 꾸리지요.

이처럼 누구나 반드시 잘하는 것 하나쯤은 있습니다. 하지만 그런 '특기'나 '재능'을 본인은 좀처럼 깨닫지 못하지요. 본인에게는 그 특기나 재능이 '당연한 일'이라 그것을 자신의 장기라 생각하지 않아서입니다. 대부분의 사람은 자신이 잘하는 일을 소중히 여기기보다 결점을 고치는 데 더 집중합니다. 그 탓에 자신의 특기나 재능을 무시하곤 하지요.

자신의 장점은 잘 몰라도 누군가의 특기나 재능을 잘 발견하는 사람은 "너는 그것을 아주 잘하는구나!"라며 모두의 재능을 끄집어내 알맞은 자리로 이끕니다. 이들은 있는 그대로 꿰뚫어 보기에 선입관이나 편견 없이 사람을 대하지요.

이처럼 편견 없이 사람을 대하면 각자의 잠재 능력을 적확하게 발견하고, 그들의 도움을 받습니다. 도와 함께 살아가는 사람에게는 '필요 없는 사람'이란 없으니, 어떤 사람이라도 버리지 않지요. 사람뿐 아니라 어떤 물건이라도 활용할 수 있는 장소를 찾아내 헛되이 쓰는 일이 없습니다. 이런 것을 바로 지혜라 하는 것입니다.

이렇게 해서 선한 사람은 선하지 않은 사람의 스승이 되고, 선하지 않은 사람은 선한 사람의 바탕이 됩니다.

바탕이 되는 자가 스승을 존경하지 않고, 스승 또한 바탕이 되는 자를 아끼지 않는다면, 아무리 '배웠다'고 콧대를 세워도 끝내 미혹에서 깨어나지 못하지요. 그 미혹의 저편에 바로 진수眞髓가 있는데도 말입니다.

선행은 흔적이 없으며 바른말은 흠이 없다. 셈 잘하는 자는 주판이 필요 없으며, 문단속 잘하는 자는 자물쇠 없이도 열지 못하게 한다. 매듭 잘하는 자는 밧줄 없이도 풀 수 없게 한다. 성인은 사람을 잘 구하므로 사람을 버리지 않으며 물건 역시 버리지 않는다. 이것을 밝은 지혜를 가졌다 한다. 선인은 선하지 않은 자의 스승이며, 선하지 않은 자는 선인의 거울이다. 그 스승을 귀히 여기지 않고 그 거울을 아끼지 않는다면 지혜가 있어도 크게 미혹된다. 이것을 오묘라 한다.

善行無轍迹. 善言無瑕讁. 善數不用籌策. 善閉無關楗而不可開. 善結無繩約, 而不可解. 是以聖人, 常善救人. 故無棄人. 常善救物. 故無棄物. 是謂襲明. 故善人者, 不善人之師. 不善人者, 善人之資. 不貴其師, 不愛其資. 雖智大迷. 是謂要妙.

제28장

'그 누구도 아닌 나'로
돌아가라

남자든 여자든 사람의 마음에는 말이지요. '남자의 극'과 '여자의 극'이라는 두 개의 성질이 모두 존재합니다. 본래 '육체'라는 눈으로 보이는 형태 너머에 있는 '도의 세계'에는 남자도 여자도 없으니까요.

　이때 '남자의 극'과 '여자의 극'은 무엇일까요? 남자의 극은 세계의 형태를 만드는 '능동성'이고, 여자의 극은 세계를 받아들이는 '관용성'입니다. 이 두 개의 성질이 합쳐져야 비로소 밸런스가 맞춰집니다.

　남자의 극이 가진 강한 힘과 논리성을 알면서 여자의 극이 가진 부드러움과 감수성을 지킨다면, 그 사람은 세상의 모든 것이 모여드는 거대한 골짜기가 될 것입니다. 마치 갓 난아이처럼 순수한 상태로 되돌아와 무엇이든지 받아들일 수 있는 사람이 되는 것이지요.

　남자의 극과 여자의 극은 상반되는 것 같지만, 한쪽이 없으면 다른 한쪽도 존재할 수 없습니다. 양쪽의 성질을 모두 받아들일 때 마침내 세상의 모든 것과 하나가 되지요. 양쪽이 충돌하는 '상대'의 세계에서 극을 넘어선 '절대'의 세계로 돌아가는 것입니다.

　세상일도 같습니다. 속세의 영화가 무엇인지 잘 알면서도 치욕을 받아들일 수 있는 사람이 된다면, 그는 앞서 말한 것처럼 거대한 골짜기가 될 수 있습니다. '있는 그대로'에 만족한 '그 누구도 아닌 나'로 돌아가는 것이지요. '어떤 사람'이라 규정되지 않은 본래의 상태로 말입니다.

　물론 세상의 필요에 따라 나를 갈고닦아 각 분야의 쓰임에 맞는 사람이 될 수도 있지요. 하지만 그렇게 해봤자 아무리 잘되어도 '어떤 분야의 리더'라는 작은 그릇밖에 안 될 것입니다. 오히려 '어떤 사람'이 되겠다며 이상적인 나를 만들어내기보다 '그 누구도 아닌 나'로 돌아갈 때 빛이 날 수 있습니다.

남성과 여성이 지닌 것을 잘 알고 지키면 천하의 골짜기가 되고, 천하의 골짜기가 되면 덕을 잃지 않고 갓난아이로 돌아온다. 진실과 거짓을 알고 지키면 천하의 모범이 된다. 천하의 모범이 되면 항상 덕에 어긋나지 않아 본래의 소박함으로 되돌아간다. 영화를 알고서도 욕됨을 지킨다면 천하의 골짜기가 된다. 천하의 골짜기가 되면 늘 덕이 족하여 꾸밈없는 상태로 돌아온다. 통나무가 쪼개지면 그릇이 되듯 성인도 이런 이치로 통치한다. 위대한 통치는 분할하지 않는다.

知其雄, 守其雌, 爲天下谿. 爲天下谿, 常德不離, 復歸於嬰兒. 知其白, 守其黑, 爲天下式. 爲天下式, 常德不忒, 復歸於無極. 知其榮, 守其辱, 爲天下谷. 爲天下谷, 常德乃足, 復歸於樸. 樸散則爲器. 聖人用之, 則爲官長. 故大制不割.

제29장

사는 게
내 마음대로 안 된다면

사람은 각자 이상과 희망을 품고서 인생이 자기 생각대로 펼쳐지기를 기대하곤 하지요. 안됐지만, 아무리 단계를 만들고 면밀히 계획을 세워봤자 자신의 마음대로 통제할 수 없는 것이 인생입니다.

사람의 인생 역시 도의 흐름을 따르기 때문이지요. 그러니 인간으로서는 어찌해볼 수도 없는 노릇입니다.

쉽게 말해볼까요? 만약 도가 오른쪽으로 흐르려고 한다면, 현상도 오른쪽으로 흐릅니다. 사람은 그 흐름을 거스를 수가 없고 말이지요. 그 흐름에 동조하지 않고 '왼쪽으로 가고 싶다'고 바란다 해도, 결코 왼쪽으로 갈 수 없습니다. 오히려 왼쪽으로 갈 수 없어 왼쪽으로 가지 않는 것인데 "어찌해서 원하는 대로 되지 않는 거야!"라는 고뇌로 자신만 괴롭힐 뿐이지요. 반면에 도가 오른쪽으로 흐르고 있는데, 오른쪽으로 가고 있는 것을 보고 "내가 통제해서 실현한 결과야"라는 착각에 빠지기도 합니다.

인생이 자기 생각대로 움직이지 않을 때, 사람의 반응 또한 제각각입니다. 또 다른 이상을 정한 다음, 그곳을 향하여 나아가는 사람이 있는가 하면 다른 이에게 의존하려는 사람도 있습니다. 의욕이 더욱 불타오르는 사람이 있는가 하면, 단념하는 사람도 있지요. 꺾이지 않는 사람이 있는가 하면, 자포자기하는 사람도 있습니다.

하지만 도와 함께 살아가는 사람은 저 위의 그 어떤 것에도 들어맞지 않습니다. 도의 흐름에 몸을 맡기고 있으니 "내 생각대로 밀고 나아가겠어!"라며 어떻게든 원하는 것을 이뤄내기 위해 애쓰는 일이 없지요.

반면에 흐름과 함께하는 것뿐이니 무언가가 실현되더라도 "해냈다, 내가 해냈어!"라며 성취감에 도취하는 일도 없습니다. 또 흐름을 외면할 수 없다는 사실을 알기에 포기하는 사람들을 보고 "그렇게 간단히 단념하다니!"라며 사람을 깔보지도 않고, 거만해지는 일도 없지요.

혹시 지금 당신이 괴로운 이유가 흐름을 거스르고 있기 때문 아닐까요? 그동안의 고통에서 벗어나 새로운 인생을 살고 싶다면, 흐름에 그저 몸을 맡겨보세요. 새로운 인생이 당신을 기다리고 있을 것입니다.

천하를 얻고자 무언가를 하려 한다면 나는 그것이 쓸데없는 일임을 안다. 천하는 신기하게도 가지려 하면 가질 수 없다. 억지로 하려는 자는 실패하고, 억지로 잡으려는 자는 놓치고 만다. 만물은 본디 앞서기도 뒤따르기도 하며 숨을 천천히 쉬거나 가쁘게 쉬기도 한다. 때로는 강하거나 약하기도 하다. 어떤 것은 부러지기도 하고 무너지기도 한다. 성인은 지나친 것을 피하고 사치하지 않는다.

將欲取天下而爲之, 吾見不得已. 天下神器. 不可爲也. 爲者敗之, 執者失之. 故物或行或隨. 或呴或吹. 或强或羸, 或挫載或隳. 是以聖人, 去甚, 去奢, 去泰.

제30장

인생의
도리

과거에 도에 따라 세계를 다스리는 리더가 있었다면, 세계를 무력으로 제압하려는 전쟁 따위는 일어나지 않았을 것입니다. 무력을 사용하면 어떤 형태로든 반드시 대갚음 당한다는 사실을 그는 알고 있었을 테니까요.

혹시 군대가 주둔했던 곳에는 가시나무가 자라고, 땅도 거칠어져 기아가 계속된다는 사실을 알고 있습니까?

큰 전쟁을 치른 다음에는 반드시 재앙이 찾아옵니다. 그래서 역사적으로 뛰어난 인물은 '반전운동'이 아니라 '평화운동'을 선택했던 것이지요. 앞서 말했듯이 '싸움을 하지 않는' 것만이 '평화'를 얻을 수 있는 유일한 방법이기 때문입니다. 그런 운동으로 '평화'가 찾아와도 이들은 거만하게 뻐기는 일이 없습니다.

왜 '반전운동'이 아닌 '평화운동'이 평화를 얻는 방법인 걸까요? 그것은 '평화를 위하여 싸운다'고 하는 '행위'가 아니라 '그것에 참여하지 않는다'고 하는 '무위'가 평화를 가져오기 때문입니다. 그러니 거기에 '자신의 강함을 과시'하는 것 자체가 난센스지요.

무력을 통해 억지로 무리하게 제압하여 성공했다 해도, 언젠가는 그 '무력' 또한 약해지는 법입니다. '무리'란 글자 그대로 '도리理가 없다無'는 뜻이 아닙니까. 도에 등을 돌린 부자연스러운 행동거지라는 말이지요. 이런 부자연스러운 행동거지는 빨리 벽에 부딪히는 법입니다.

전쟁이라니 우리의 삶과 너무나 먼 이야기라고요? 이것은 그저 커다란 전쟁에 국한된 이야기가 아닙니다. 일상에서의 아주 작은 다툼에도 해당하는 이야기지요. 집에서든 사회에서든 무력을 통해 누군가를 제압한다면, 반드시 대갚음을 당할 것입니다. 또 제압에 성공한다고 해도 믿음이나 사랑 같은 감정은 메말라서 자랄 수 없을 것입니다.

도로 군주를 보좌하는 자는 무력으로 천하를 강제하지 않는다. 반드시 보복으로 돌아오기 때문이다. 군대가 머문 곳에는 형극이 자라고 대군이 지난 뒤에는 반드시 흉년이 있다. 군대를 잘 다스리는 자는 구제해줄 뿐이지 강함을 취하지 않는다. 이뤄도 자랑하지 않고 이뤄도 교만하지 않는다. 이뤄도 얻지 못하고 이뤄도 강하지 않다. 만물은 성하면 쇠하기 마련이니 이는 도에 어긋난다. 도가 아니면 만물은 오래가지 못한다.

以道佐人主者, 不以兵强天下. 其事好還. 師之所處, 荊棘生焉. 大軍之後, 必有凶年. 善者有果而已. 不敢以取强. 果而勿矜. 果而勿伐. 果而勿驕. 果而不得已. 果而勿强. 物壯則老, 是謂不道, 不道早已.

제31장

전쟁에서
명분을 찾지 마라

앞서 말했듯이 전쟁은 사람의 마음을 완전히 마비시켜버립니다. 공격을 했든 방어를 했든, 어떤 시대라도 '전쟁'이나 '군인'의 존재는 결코 자랑스러운 것이 못되지요.

아무리 뛰어난 무용담이나 어떤 타당한 이유를 댄다 해도 결국 전쟁에서 벌어지고 있는 일은 '살육'이라는 폭력일 뿐입니다. 마찬가지로 군대는 이 살육을 정당화하는 조직에 불과합니다. 여기서 사용되는 무기 역시 불행을 가져오는 도구지, 사람이 이용할 도구가 아니지요.

도와 함께 살아가는 사람은 그것들을 가까이하지 않습

니다. 전쟁에서 이겼다는 소식을 들어도 그 말을 미담으로 듣지 않습니다. 전쟁의 영웅이 되고자 하기는커녕 영웅을 존경하지 않습니다. 전쟁의 승리를 칭찬하고 그 영웅을 추앙한다면 이는 살인을 즐기기 좋아하는 것과 다를 바 없기 때문입니다. 물론 자신을 지키기 위해 어쩔 수 없이 무기를 사용할 수밖에 없을 때도 있긴 합니다. 하지만 이때도 절대 대의명분을 내세우거나 면죄부를 줘서는 안 됩니다.

만약 전쟁에서 이겼어도 전쟁을 일으킨 사람과 전쟁을 지휘한 사람, 전쟁에 참여한 사람 모두 많은 사람을 죽인 일에 대한 슬픔을 사무치게 느껴야 할 것입니다.

무릇 병기는 상서로운 물건이 아니니 사람들은 그것을 미워한다. 도를 지닌 자는 그것을 사용하지 않는다. 군자는 평소 좌를 귀히 여기지만 병기를 쓸 때는 우를 귀히 여긴다. 병기란 상서롭지 못하여 군자가 사용할 물건이 아니지만 부득이 쓸 때는 연담하게 다뤄야 한다. 승리해도 미화해서는 안 된다. 승리를 미화하는 자는 살인을 즐기는 자다. 살인을 즐기는 자는 천하를 얻지 못한다. 좋은 일은 좌를 상석으로, 흉한 일은 우를 상석으로 한다. 편장군은 좌에 있고 상장군은 우에 있다. 상례에 따른 것이다. 살인을 많이 하면 마땅히 슬퍼해야 하며, 승리했어도 상례를 다해야 한다.

夫佳兵者, 不祥之器, 物或惡之. 故有道者不處. 君子居則貴左, 用兵則貴右. 兵者, 不祥之器, 非君子之器, 不得已而用之, 恬惔 爲上. 勝而不美. 而美之者, 是樂殺人. 夫樂殺人者, 則不可以得 志於天下矣. 吉事尙左, 凶事尙右. 偏將軍居左, 上將軍居右. 言 以喪禮處之. 殺人之衆, 以悲哀泣之, 戰勝以喪禮處之.

제32장

그렇게 살아,
흐르는 강물처럼

도는 언제나 이름을 붙일 수 없는 어떤 것입니다. 그저 있는 그대로 존재할 뿐이지요. 그래서 세계에 이렇게 이름이 붙여지고 나뉘기 이전에는 지배하는 것도 지배당하는 것도 없었습니다. 아무리 하잘것없는 것이라도 누구도 그것을 지배할 수 없었지요.

만약 이 세계의 지배자나 힘 있는 자라고 불리는 사람들이 있는 그대로 도의 흐름을, 자연의 흐름을 지킨다면 어떻게 될까요?

만물은 저절로 그들을 따를 것입니다. 하늘과 땅이 서로를 도와 은혜의 비를 내려주고 사람들은 명령이나 강요받는 일 없이 자연스럽게 살아갈 테지요.

그런데 마음이 변하기 시작하면 '있는 그대로'의 세계는 '해석'의 세계로 바뀌게 됩니다. 물론 해석이 있는 것은 상관 없습니다. 어찌 되었든 인간은 해석을 통해서만 세계를 파악할 수 있으니 말이지요.

하지만 그렇기에 더욱 특정의 해석이나 관념을 고집하는 것은 위험합니다. '관념'도 유연성이 있어야만 도움이 되고, 여러 시점을 통할 때만이 세계를 즐길 가능성도 넓어집니다. '고정'관념은 말 그대로 고정되어 자연의 흐름에 저항하는 것입니다. 이런 관념을 가지면 인생은 해석에 묶여버리고 자유를 잃어버리게 되지요. 한정적인 세계를 살게 되는 것입니다.

인생은 원래 '바라는 대로' 흘러가주지 않습니다. 그러나 인생을 '바라는 대로' 걸어갈 수는 있지요. 어떤 상황이라도 '충족되지 않는다'고 해석하면, 인생은 결코 만족스럽지 않을 것입니다. 하지만 어떤 상황이라도 '충족되어 있다'고 해석하면 인생은 행복한 것이 됩니다.

흔한 말이지만, 결국 인생에서의 '행복과 불행'은 그 사람이 '해석'의 세계에 떠올라 있는 것입니다. 어떻게 해석하느냐에 따라 달라지는 것이지요.

도는 언제나 이름을 붙일 수 없는 어떤 것입니다. 그저 모든 것이 흘러 도착하는 곳일 뿐이지요. 모든 강의 흐름이 자연스럽게 큰 바다로 이끄는 것처럼, 키를 잡지 않아도 자연스럽게 이끌어주는 것, 그것이 바로 도입니다.

도는 무명이다. 비록 통나무처럼 보잘것없어 보여도 천하 누구도 신하로 삼을 수 없다. 임금이 만약 도를 지켜낸다면 천하는 스스로 그를 따른다. 천지가 서로 만나 이슬을 내리 듯 백성은 아무 명령 없이도 알맞게 살아간다. 만들어진 후에야 이름이 있으니 이름이 있어도 어느 한계에서는 그만 둘 줄 안다. 그만둘 줄 알아야 위태롭지 않다. 도가 천하에 있는 모습을 비유하자면 마치 시내와 계곡이 강과 바다로 흘러드는 것과 같다.

道常無名. 樸雖小, 天下不敢臣. 侯王若能守之, 萬物將自賓. 天地相合以降甘露, 民莫之令而自均. 始制有名. 名亦既有, 夫亦將知止. 知止所以不殆. 譬道之在天下, 猶川谷之於江海.

제33장

행복은 가난한 마음에
찾아오지 않는다

다른 사람을 이해할 수 있는 사람은 지혜로운 사람입니다. 하지만 이보다 더 지혜로운 사람은 자기 자신을 이해할 수 있는 사람입니다.

　다른 사람을 거꾸러뜨릴 수 있는 사람에게는 힘이 있습니다. 하지만 더 강한 사람은 자신의 욕망을 이겨낼 수 있는 사람입니다.

　아무리 많은 것을 가지고 있다고 해도 끝없이 욕망하며 가진 것에 만족하지 않는다면 과연 그를 부유하다 말할 수 있을까요? 평범한 진리지만, 오히려 아무것도 가진 게 없어도 자기 삶에 만족할 수 있다면 그 사람이야말로 진정한 '부자'가 아닐까요?

세상 사람들은 모두 필사적으로 풍족해지려 안간힘을 씁니다. 하지만 그 필사적인 마음이 도리어 삶에서의 만족감을 덮어버리고 있다는 사실을 사람들은 쉽게 잊곤 하지요.

계속해서 무언가를 조급하게 구하는 '가난한 마음'이 없어진다면 우리 내면에 있는 만족감은 자연스럽게 그 모습을 드러낼 것입니다. 그것을 깨달은 사람은 죽더라도 그 정신이 남아 오래도록 잊히지 않을 것입니다.

남을 아는 자는 지혜롭고, 자신을 아는 자는 현명하다. 남을 이기는 자는 힘이 세고 자신을 이기는 자는 강하다. 만족할 줄 아는 자는 부유하고 힘써 행하는 자는 뜻이 있다. 자신이 있을 곳을 아는 자는 오래가고, 죽어서도 잊히지 않는 자는 천수를 누린다.

知人者智, 自知者明. 勝人者有力, 自勝者强. 知足者富. 强行者有志. 不失其所者久. 死而不亡者壽.

제34장

도가
위대한 이유

도는 넘쳐흐르는 물처럼 세상 어디에나 퍼져 있습니다. 만물은 도에 의지해 태어나지만, 도는 결코 주저하지도 자만하지도 않습니다. 모든 존재를 지키고 키우면서 주인 행세를 하지 않지요. 무욕 상태 그대로인 것입니다.

어찌 보면 도는 '꿈도 희망도 없는' 것이니 세속적으로는 '별것 아닌 것'일지도 모르겠습니다. 하지만 만물이 도의 품으로 돌아가는데도 욕심 없이 주인 행세를 하지 않는다니, 이것이 진정 '거물'의 넓은 마음이 아니라면 무엇일까요?

마지막까지 도는 스스로 '위대하다'고 자만하지 않습니다. 그래서 더욱 위대한 일을 할 수 있는 것이지요.

큰 도는 넓어서 어디든 흘러간다. 만물이 의지해 생겨도 간섭하지 않는다. 공을 이루고도 명성을 바라지 않는다. 만물을 기르면서도 주인이 되지 않고 항상 하고자 하는 것이 없으니 아주 작다. 만물이 그것에 속해 있어도 주인이 되지 않으니 아주 크다. 자신을 크다 하지 않으니 능히 큰 것을 이룬다.

大道氾兮其可左右. 萬物恃之而生而不辭. 功成不名有. 衣養萬物而不爲主. 常無欲, 可名於小. 萬物歸之而不爲主, 可名爲大. 以其終不自爲大, 故能成其大.

무한한
도의 힘

'있는 그대로' 살아간다면, 어디를 가든 스트레스도 없고 평
화로우며 평안할 것입니다.

우리를 괴롭히고 있는 것은 상황 자체가 아닌 그 상황
을 괴로움이라고 인식한 우리의 '해석'이지요. 이 사실을 깨
달으면 복잡하고 괴로워 보였던 삶이 부정할 수 없을 정도로
간단하고 명백해 보일 텐데, 사람들에게는 이것이 좀처럼 통
하지 않으니 답답한 노릇입니다.

사람들은 '있는 그대로의 현실'이 아니라 '해석의 현실'
을 중요히게 여기고 싶어 하지요. 멋진 음악이나 맛있는 음
식을 준비했다면 여행객도 발길을 멈추겠지만, 도 이야기는

살아가는 것을
사랑한다는 것

따분하기만 하니까요.

사실 이 이야기를 듣는다고 해도, 도라는 것은 '눈을 비벼도 보이지 않고, 귀를 기울여도 들리지 않는' 것이니 쉽게 따르지 못하는 것은 어쩔 수 없는 일입니다. 하지만 도의 힘은 무궁무진합니다. 아무리 사용해도 없어지는 일이 없을 정도로 말입니다.

큰 도의 모습을 잡아 천하에 나아가면 어딜 가나 해를 입지 않으니 천하가 평안할 것이다. 음악과 음식은 객도 멈추게 하지만 도는 말로 표현해도 담백하여 그 맛이 없다. 보려고 해도 보이지 않으며 들으려 해도 들리지 않고 쓰려 해도 다 하지 못한다.

執大象, 天下往. 往而不害, 安平太. 樂與餌, 過客止. 道之出口, 淡乎其無味. 視之不足見. 聽之不足聞. 用之不足旣.

제36장

지치도록 내어주고
사랑하라

도의 흐름에 역행하면 모든 일은 쓸데없이 복잡해지는 법입니다. 그러니까 가령 싫은 일이 있다고 해도 가볍게 그것에 반발하는 건 다시 한 번 생각해볼 일이지요. 흐름에 역행하지 않는 편이 결과적으로는 빨리 해결되는 일도 있으니까요.

무언가를 줄이고 싶다면, 반대로 넓혀봅시다.

예를 들어 누군가의 권력을 약하게 만들고 싶다면 억지로 그를 누르려고만 하지 말고, 잠시 그가 더욱더 뽐내도록 내버려둡시다.

그럼 결과는 어떻게 될까요?

얼마 못 가서 그에 대한 기대만큼 사람들의 실망이 커져 그는 자연스럽게 권력을 잃고 말 것입니다.

마찬가지로 유행을 멈추게 하고 싶다면 억지로 못하게 하기보다는 그 유행을 더 커다란 유행으로 만들어버리면 됩니다. 그러면 사람들은 곧 그 유행에 질려 흥미를 잃고 떨어져 나가게 될 것입니다.

거둬들이고 싶다면 싫다고 할 때까지 계속 주는 것이 방법이라는 말이지요.

이것이 바로 도가 가르쳐주는 '부드러움이 능히 억셈을 누른다'라고 하는 지혜입니다. 있는 그대로 살며 그곳에 흐르는 도리, 그것의 깊이를 통찰해보세요. 거기서 발견한 지혜가 세상을 이끄는 비법이 될 것입니다.

장차 움츠리고자 한다면 반드시 펴줘야 한다. 약하게 하려면 반드시 강하게 해야 한다. 장차 없애고자 한다면 반드시 흥하게 해야 한다. 빼앗고자 한다면 반드시 줘야 한다. 이것을 미명이라 한다. 부드럽고 약한 것이 굳세고 강한 것을 이긴다. 물고기가 연못을 벗어나면 살 수 없듯 나라를 이롭게 다스리는 지혜는 남에게 보이면 안 된다.

將欲歙之, 必固張之. 將欲弱之, 必固强之. 將欲廢之, 必固興之. 將欲奪之, 必固與之. 是謂微明. 柔弱勝剛强. 魚不可脫於淵, 國之利器, 不可以示人.

제37장

욕망이 사라질 때
나타나는 것들

도는 언제나 꾸밈없는 것이지만, 그렇다고 아무것도 하지 않는 것은 아닙니다. 만약 리더가 이 도의 길을 지켜나간다면 세상 모든 것은 스스로 리더를 도와 조화를 이루겠지요.

만약 리더가 더욱 '조화를 이루고 싶다'는 마음으로 무언가를 욕망하기 시작한다면, 저는 그에게 "이름이 알려지지 않았을 때의 그 소박함으로 돌아가라"고 주의를 주고 그 욕망을 진정시킬 것입니다.

'누구도 아닌' 자리에서는 욕망도 생겨날 수가 없을 테니까요. 사람들 마음에 욕망이 사라지면 그때 처음으로 세상에 조화로운 평화가 찾아올 것입니다.

살아가는 것을
사랑한다는 것

도는 항상 무위로 행하되 하지 않는 것이 없다. 왕이 이를 지킨다면 만물은 스스로 자라난다. 자라나서 욕심을 부린다면 나는 무명의 소박함으로 누를 것이다. 무명의 소박함에는 욕심이 없다. 무언가를 하고자 하지 않으면 천하는 저절로 안정된다.

道常無爲. 而無不爲. 侯王若能守之, 萬物將自化. 化而欲作, 吾將鎭之以無名之樸. 無名之樸, 夫亦將無欲. 不欲以靜, 天下將自定.

제2부

덕德의 장

- 본연의 나를
사랑한다는 것

제38장

덕이란
무엇인가

당신은 혹시 '덕'이라는 말을 들어본 적이 있나요? 무슨 뜻인지 대충 짐작은 하겠지만 누군가가 정식으로 "덕이란 무엇입니까?"라고 물으면 바로 대답하기는 힘들 것입니다.

그렇다면 혹시 '인의'라는 말은 들어봤나요? 이는 유교의 가르침인 오상의 덕, 인·의·예·지·신 가운데 두 가지를 취한 것입니다.

인仁은 배려하며 자비하는 마음.

의義는 사리사욕에 빠지지 않고 해야 할 일을 하는 것.

예禮는 배려의 자비가 구체적인 행동으로 나타나는 것.

지智는 박식하며 학문에 힘쓰는 것.

신信은 거짓말을 하지 않고 약속을 지키는 것.

유교에서는 이 다섯 가지 가르침을 중요하게 여깁니다만, 저는 이 가르침을 그다지 좋아하지 않습니다. 물론 무엇하나 틀린 것 없이 중요한 것들만 이야기하고 있긴 하지요. 그런데 저는 '조금 비껴간 게 아닌가' 하는 마음을 떨쳐버릴 수가 없습니다.

저는 자신의 덕을 의식하지 않는 것이 최상의 덕이라 생각합니다. 가장 저급한 덕은 덕에 매달림으로써 오히려 덕이 없는 것이지요. 덕을 의식하지 않고 행하는 것과 덕에 매달리는 것, 이 둘은 그 행위는 같아도 의미의 차이는 큽니다.

예를 들어 최상의 덕은 꾸밈이 없으므로 딱히 '좋은 일을 했다'는 생각 따위는 들게 하지 않습니다. 그렇기에 일부러 한 것 같은 억지가 없지요.

한편 덕에 매달리는 일은 작위적이기 때문에 '좋은 일을 했다'고 하는 자부심이 얼굴 가득 비치게 합니다.

정말로 '인'이 있는 사람은 그것을 행동으로 옮겨도 '좋은 일을 했다'고 생각하지 않습니다. '의'를 지키는 사람은 그것을 행동으로 표현하지만, 마음속 어딘가 '의에 기반을 둔 행동을 했다'고 의식하고 있지요. '예'를 지키는 사람은 그것을 행동으로 나타내는데, 상대가 그 '예'에 응하지 않으면 옆구리를 찔러 예로 답하기를 요구합니다.

무슨 말인지 이제 이해하였나요?

'도'를 잃어버리면 '덕'을 구하려 하고, '덕'을 잃어버리면 '인'을 구하려 하며, '인'을 잃어버리면 '의'를 구하려 하고, '의'를 잃어버리면 '예'를 구하게 됩니다.

이렇게 세상이 '예'를 원하게 된 것은 진심과 마음이 얄팍해진 결과입니다. 그러면서 세상의 어지러움이 시작된 것이지요.

타인보다 뛰어나고 싶어서 '지'를 구하는 것은 자연의 도를 인위적으로 꾸미는 것입니다. 그렇게 어리석음이 시작되는 것이지요.

얄팍하고 인위적으로 꾸며낸 것을 버리고 진실한 사람으로 살아갈 때 진정 견실한 사람이 될 수 있습니다.

상덕은 덕이라 하지 않으니 덕이 있는 것이다. 하덕은 덕을 잃지 않으려 하니 덕이 없는 것이다. 상덕은 아무런 의도가 없고, 하덕은 억지로 하려는 의도가 있다. 상인은 행하되 바라지 않으며, 상의는 행하되 의식한다. 상례는 행하되 상대가 응하지 않으면 끌어당긴다. 도를 잃으면 덕이 나타나고, 덕을 잃으면 인이 나타나며, 인이 사라지면 의가 나타나고, 의가 떨어지면 예가 나타난다. 예는 혼란의 시작으로 충신이 엷어지면 생겨난다. 대장부는 두터운 것을 취하고 경박함에 머물지 않는다. 진실로 행동하며 꾸밈에 머물지 않는다. 저것을 버리고 이것을 취한다.

上德不德, 是以有德. 下德不失德, 是以無德. 上德無爲, 而無以爲. 下德爲之而有以爲. 上仁爲之, 而無以爲. 上義爲之而有以爲. 上禮爲之, 而莫之應, 則攘臂而仍之. 故失道而後德, 失德而後仁, 失仁而後義, 失義而後禮. 夫禮者, 忠信之薄, 而亂之首. 前識者, 道之華, 而愚之始. 是以大丈夫, 處其厚, 不居其薄, 處其實, 不居其華. 故去彼取此.

가장 낮은 자를
근본으로 삼을 때

아주 먼 옛날에는 모든 것이 조화롭게 유지되고 있었습니다.

하늘은 구름 한 점 없이 맑았고 땅은 안정되었으며, 골 짜기는 물을 가득 담고 있었고 만물은 생기 있게 살아 움직 였지요. 나라를 다스리는 사람도 자신의 책임을 확실히 다했 습니다.

이처럼 모든 것이 조화로울 수 있었던 이유는 모두 '하 나'로 협력했기 때문입니다.

그런데 지금 사람들의 마음은 완전히 제각각으로 되어 버렸습니다. 천지가연과 하나라는 사신은 깡그리 잃어버린 것이지요.

서로 돕기는커녕 상대를 깎아내리기 바쁘고, 자기가 더 낫다고 주장하면서 나날이 무수한 경쟁에 몰두하고 있습니다. 누구든지 '보다 높은 위치'를 목표로 노력을 거듭하고 있지요.

하지만 말입니다. 정말로 '높은 위치'에 오르는 것, '갑의 입장'에 있는 것이 옳은 것일까요? 그리고 중요한 일일까요?

하늘이 맑지 않다면 구름은 곧 갈라져버릴 것입니다. 땅이 안정되어 있지 않다면 지진과 함께 모든 건물이 붕괴하고 말겠지요. 골짜기가 물로 가득하지 않으면 모든 생물은 말라 죽을 것입니다. 만물이 나고 자라지 않으면 세상은 곧 파멸하고 말 것입니다. 국가의 리더가 자신의 책임을 다하지 않으면 그 국가는 멸망하고 말겠지요.

모든 것에 있어서 '기반'은 아주 중요합니다. 발밑이 무너지면 모든 것이 수포로 돌아가고 마니까요.

관리의 지위는 국민이 받쳐주기 때문에 유지할 수 있는 것입니다. 높은 지위에 있는 사람은 반드시 그 기반을 지위가 낮은 사람들에게 맡기고 있다는 뜻입니다.

그런 까닭에 예전의 훌륭한 왕들은 자신을 '고아' '독신' '하인' 등으로 지칭하였습니다. 이는 '낮은 자를 근본으로 삼는다'는 뜻이었을 것입니다.

따라서 아는 체하며 영예를 구하고자 하면, 오히려 영예는 없어지고 말 것입니다.

아름다운 보석이 되고자 바라지 말고, 아무 데나 떨어져 있는 돌멩이로 있는 것이 좋다는 말이지요.

예부터 오직 하나를 얻은 것이 있다. 하늘은 하나를 얻어 맑고 땅은 하나를 얻어 안정되며 신은 하나를 얻어 영하고, 골짜기는 하나를 얻어 채워지며 만물은 하나를 얻어 생겨나고 왕은 하나를 얻어 천하를 다스린다. 하늘이 맑지 않으면 갈라지며 땅이 안정되지 않으면 무너지고 신이 영하지 않으면 사라진다. 골짜기가 채워지지 않으면 장차 말라버리고 만물이 생하지 않으면 소멸하며 왕이 바르지 못하면 쫓겨난다. 귀함은 천한 것을 근본으로 삼고 높은 것은 낮은 것을 근본으로 삼아야 한다. 왕은 스스로 외롭고 덕이 부족한 사람, 선하지 않은 사람이라 낮췄으니 천함을 근본으로 삼은 것이 아니겠는가. 옥이 아닌 돌이 되고자 한 것이다.

昔之得一者. 天得一以淸, 地得一以寧, 神得一以靈, 谷得一以盈, 萬物得一以生, 侯王得一以爲天下貞. 其致之一也. 天無以淸, 將恐裂. 地無以寧, 將恐發. 神無以靈, 將恐歇. 谷無以盈, 將恐竭. 萬物無以生, 將恐滅. 侯王無以貴高, 將恐蹶. 故貴以賤爲本, 高必以下爲基. 是以後王, 自謂孤寡不穀. 此非以賤爲本耶. 非乎. 故致數譽無譽. 不欲琭琭如玉, 珞珞如石.

제40장

놓아주는 삶,
행복의 근본

근본으로 돌아가고자 하는 것이 도의 흐름입니다. 이때 느껴질 듯 말 듯 약하게, 그리고 부드럽게 작용하는 것이 도의 특성이지요.

만물의 탄생도 이런 도의 흐름을 따릅니다. 하늘 아래 모든 것은 유有에서 태어나지만, 이 유라는 것이 무無에서 생겨나는 것처럼 말이지요. 무슨 뜻인지 도통 짐작하기 어렵다면 좀 풀어보도록 할까요?

앞으로 나아가는 것이 아니라 근본으로 돌아가는 것이 도의 원리라는 말입니다. 뻗어 있는 길이 아니라 돌아가는 길이 도의 길인 것이지요.

도의 길은 무언가를 '획득'한 끝에 도착하는 곳이 아니라 모든 것을 '놓아주는' 것으로 보이기 시작하는, 존재의 원점으로 돌아가는 길입니다.

마음에서 싸움이 없어지면 '정적'이 되고, 시야에 구름이 걷히면 '명석'해집니다. 허세가 없어지면 '솔직'해지고, 결핍감이 없어지면 '감사'할 줄 알게 되지요. 초조함이 없어지면 '여유'가 생기고, 두려움이 없어지면 '안도'가 생깁니다. 분리가 없어지면 '하나'가 되고, 집착이 없어지면 '변화'가 시작되지요.

어떤가요? 무언가를 걷어냈더니 전부 근본으로 돌아가지 않았습니까.

이처럼 사람이 구하고자 하는 행복은 '획득'이나 '성장'의 끝에 있는 것이 아니라 모든 것을 놓아준 우리의 본래 모습에 있는 것입니다.

되돌아가는 것이 도의 움직임이요, 유약한 것이 도의 작용
이다. 만물은 유에서 생겨나고, 유는 무에서 생겨난다.

反者道之動. 弱者道之用. 天下萬物生於有, 有生於無.

제41장

깨달으면
거꾸로 보인다

감이 좋은 사람이라면, 도 이야기를 듣는 순간 즉시 도의 흐름에 따라 살아가고자 할 것입니다. 보통 사람이라면 '알 것 같기도 하고 모르는 것 같기도 한데?'라며 반신반의하겠지요. 상식에 갇힌 사람이라면 "미친 거 아니야?" 하고 거침없이 되물을 것입니다.

하지만 세상 사람들에게 업신여김당하는 일 없이 어찌 도를 말할 수 있겠습니까.

도를 깨달아 실천한 옛사람들은 이런 말을 했습니다.
"만약 도의 흐름에 따라 본래의 통찰력을 되찾았다면,

세상과 반대되는 세계가 보이기 시작할 걸세. 밝은 길일수록 어둡게 보일 것이고, 가면 갈수록 후퇴할 게지.

평탄한 길일수록 험난하게 느껴질 것이며, 높은 덕일수록 속되게 느껴질 것이고, 순백은 더럽게 보일 걸세.

세상에 퍼져 있는 사회적 규범은 무언가가 결핍된 것처럼, 건전함은 한때의 우연처럼, 순진함은 변하기 쉬운 것으로 보일 테지.

공간은 넓을수록 구석을 좀처럼 찾을 수 없고, 어떤 형태인지 짐작도 할 수 없을 거라네. 용기를 내면 낼수록 큰 용기를 내기가 더욱 힘들어질 것이고 말이지.

너무 큰 소리는 오히려 듣기 힘들고, 하늘처럼 한없이 큰 것은 그 전체의 모습을 알아차리기 어려울 거라네."

솔직히 도란 말로 명확하게 설명할 수 없는 것이긴 합니다. "있는지 없는지도 정확하지 않은데, 그런 이야기를 어떻게 믿을 수 있겠어!"라고 하는 사람이라면 분명 자신의 눈으로 확인하고 싶어 하겠지요.

그럼 주위를 둘러보게 하십시오. 도가 세상 모든 것에 힘을 빌려주어 삼라만상을 완벽하게 성숙시키고 있다는 사실을 깨달을 것입니다.

상사는 도를 들으면 힘써 따르고, 중사는 도를 들으면 반신 반의하고, 하사는 도를 들으면 크게 비웃는다. 비웃음을 사지 않으면 도가 되지 않는다. 예부터 이런 말이 있다. 밝은 도는 어두운 듯하고, 나아가는 도는 물러나는 듯하며, 평탄한 도는 굽은 듯하다. 상덕은 골짜기 같고 가장 깨끗한 것은 더럽게 보이고, 넓은 덕은 부족한 듯 보인다. 건덕은 구차해 보이고, 질진은 변질된 듯 보인다. 크게 모난 것은 모서리가 없고 큰 그릇은 늦게 이루어지며 큰 소리는 들을 수 없고 큰 형상은 모양이 없다. 도는 드러나지 않아 무명이지만 오직 도만이 잘 베풀고 잘 이룬다.

上士聞道, 勤而行之. 中士聞道, 若存若亡. 下士聞道, 大笑之. 不笑, 不足以爲道. 故建言有之. 明道若昧, 進道若退, 夷道若纇. 上德若谷, 大白若辱, 廣德若不足. 建德若偸, 質眞若渝. 大方無隅. 大器晩成. 大音希聲. 大象無形. 道隱無名. 夫唯道善貸且成.

제42장

덜어지면 보태지고
늘어나면 덜어진다

노자는 도에서 하나의 '기'가 생겨나고, 기의 성질에서 '음양'이라는 두 개의 극이 생겨났다고 했습니다. 간단히 말하자면 이 '음양'이 새로운 '균형'을 만들어내고, 그 '균형'을 기반으로 세상 모든 것이 생성된 것이지요.

따라서 세상 모든 것은 음의 극을 짊어지며 양의 극을 안고 있고, 이 둘 사이에 흐르는 기에 의해 조화를 이루고 있습니다.

자, 기본은 이 정도로만 짚어두고 앞에 했던 이야기로 돌아가볼까요?

일반적으로 세상 사람들에게 가장 싫어하는 게 무엇이냐고 묻는다면, 어떤 사람은 부모를 잃어 '고아'가 되는 것이라 할 테고, 어떤 사람은 배우자를 잃어 '독신'이 되는 것이라 할 테고, 어떤 사람은 자유를 잃고 '하인'으로 낙인찍히는 것이라 할 것입니다.

하지만 오래전의 지혜로운 왕족들은 말이지요. 오히려 그런 단어로 자신을 칭하곤 했습니다. 그 풍습은 지금도 남아 있어 높으신 분들이 자신을 칭할 때 '과인'이라던가 '소인'이라 하기도 하지요. 왜 그런 말을 썼을까요?

세상 모든 것은 쉼 없이 움직이며 '음'과 '양'을 흔들고 있습니다. 이렇게 어딘가에 '음'이 생겨나면 또한 어딘가에 상극인 '양'이 생겨나 '전체'가 항상 균형을 이루는 것이지요. '덜어지면 보태지고 늘어나면 덜어진다.' 이것이 끊임없이 반복되는 성질을 갖고 있다는 말입니다.

이제 오래전의 왕족들이 왜 '고아' '독신' '하인'이라고 자신을 칭했는지 눈치챘습니까? 그렇습니다. 자신을 낮춰야 반대로 높아져 균형을 이루기 때문이지요. 권력을 공고히 하는 방법이었던 것입니다.

세상이 가르쳐준 이러한 교훈을 저도 당신에게 전해주고 싶네요.

“세상사를 강제로 해내려고 하는 이는 제명에 죽음을 맞지 못한다.”

이것이야말로 도의 가르침 중에서도 근본입니다.

도는 하나를 낳고 하나는 둘을 낳고 둘은 셋을 낳고 셋은 만물을 낳는다. 만물은 음과 양을 짊어 안고 두 기운으로 조화를 이룬다. 사람들이 싫어하는 것은 고, 과, 불곡인데 왕과 제후는 이것으로 자신을 호칭한다. 만물이란 덜어내는 것이 이익이 되기도 하고 보태는 것이 손해가 되기도 한다. 사람들이 가르치는 것을 나 또한 가르친다. 함부로 힘쓰는 자는 제명에 죽지 못한다. 나는 이것을 최고의 가르침으로 삼고자 한다.

道生一, 一生二, 二生三, 三生萬物. 萬物負陰而抱陽, 沖氣以爲和. 人之所惡, 唯孤寡不穀, 而王公以爲稱. 故物或損之而益, 或益之而損. 人之所教, 我亦教之. 强梁者不得其死. 吾將以爲教父.

제43장

물과 같은
무위의 삶

세상에서 가장 부드러운 것이야말로 가장 견고한 것을 꿰뚫을 수 있습니다. 마치 형태도 없는 물이 단단한 바위처럼 틈이 없는 것에도 스며들 듯이 말입니다.

바다에서, 강에서, 계곡에서, 호수에서 물의 움직임을 유심히 지켜본 적이 있나요? 저는 물의 움직임을 관찰하면서 유연하고 형태에 얽매이지 않는 '무위의 삶'이 얼마나 유익한지를 깨달았습니다.

이러한 가르침을 모두가 알면 좋으련만, '무위'라는 것은 말로 표현하기가 어려운 것입니다. 그리하여 '무위'의 가르침을 따르는 이들이 세상에 이렇게도 적은 것이겠지요.

천하의 지극히 유약한 것이 가장 견고한 것을 부린다. 형태가 없는 것이 틈새 없는 곳으로 들어간다. 나는 무위의 유익함을 안다. 말 없는 가르침과 꾸밈없는 유익함을 천하에 실행하는 경우는 드물다.

天下之至柔, 馳騁天下之至堅. 無有入無間, 吾是以知無爲之有益. 不言之敎, 無爲之益, 天下希及之.

제44장

가질수록 만족하지
못하는 이유

당신은 명성과 생명 중에 어느 쪽이 더 중요한가요?

생명과 재산 중에 어느 쪽이 더 절실한가요?

얻는 것과 잃는 것 중에 어느 쪽이 더 걱정되나요?

사람들은 살아가면서 자신의 '마음을 충족시켜줄 것 같다'고 생각되는 것에 많은 힘과 노력을 쏟습니다. 그리고 대부분의 경우 명예, 재산, 지식, 친구라 하여도 '보다 많이 얻는 것'이 행복과 연결된다고 믿지요.

이렇게 사람들은 자신의 마음을 자극해주는 것들에 완전히 매료되어 있습니다. 욕망이라는 것은 바로 그런 것이지요. 그리고 사람들은 자신이 가진 여러 종류의 욕구를 실현하기 위해 조작이나 거래의 세계에 몸을 던지고 맙니다.

이쯤에서 당신이 살아온 인생을 되돌아볼까요?

지금까지 당신에게도 '많은 욕구'가 생겨나고, 그것을 충족시키기 위해 숱한 물건을 소유하거나 무수한 일들을 실현해왔을 것입니다. 그렇게 한 것은 '이것을 획득하거나 실현한다면 행복해질 게 틀림없어'라고 생각했기 때문이겠지요?

그래서 그 결과는 어떻게 되었습니까?

분명 '그때'는 만족했을 것입니다. 행복도 느꼈을 테지요. 하지만 안타깝게도 거기에서 얻은 행복은 영원히 지속되지 않았을 것입니다. 원하는 것을 얻어냈고, 그것을 위해 고생이나 투자라고 하는 대가를 반복해서 치렀는데도 어느새 '충족되지 않음'이라는 본래의 심경으로 돌아가 있었을 테지요. 다시 '많은 욕구'가 생겨버린 것입니다.

사람은 무언가를 획득하거나 개선시킨 상황에 눈 깜짝할 사이 익숙해집니다. 그리고 거기에서 새롭게 발생한 결핍은 이전보다 더 큰 자극을 얻지 않으면 해결되지 않지요. 자극에 익숙해지면 더욱 큰 자극을 원하게 된다는 얘기입니다.

"더, 좀 더!" 이렇게 욕구는 더욱 커다란 욕구로 모습을 바꾸어가는 법이지요.

이 순환 속에서 욕구가 커질 때마다 장애물도 점점 높아져, 넘는 것 또한 어려워집니다. 욕구를 실현하는 데 필요한 대가도 눈덩이처럼 불어나지요. '충족되지 않음'을 채우기 위해 했던 일들이 더욱 커다란 '충족되지 않음'을 만들어낸다는 말입니다.

그렇기 때문에 오히려 '만족을 아는 것' 즉 '충족된다는 것'이 무엇인지 아는 게 중요한 것입니다.

어떻게 해야 이 순환을 끊을 수 있을까요? 욕구를 충족해서 얻는 자극 중독에 브레이크를 걸 수 있다면, 완전히 잊었던 본래 감성도 눈뜨게 할 수 있을 것입니다. 그렇게 되면 당신은 언제까지나 평안할 수 있을 테지요.

명예와 몸 중 어느 것이 더 가까운가? 몸과 재물 중 어느 것이 더 중요한가? 얻는 것과 잃는 것 중 어느 것이 사람을 더 병들게 하는가? 너무 아끼면 반드시 손해가 생기고, 많이 쌓아두면 반드시 크게 잃는다. 만족할 줄 알면 욕되지 않고 그칠 줄 알면 위태롭지 않아 오래간다.

名與身孰親. 身與貨孰多. 得與亡孰病. 是故甚愛必大費. 多藏必厚亡. 知足不辱, 知止不殆, 可以長久.

가득 찰수록
텅 빈 듯 보인다

참으로 완성된 것은 무언가 부족한 듯 보입니다만, 아무리 써도 낡지 않지요.

정말로 가득 찬 것은 텅 빈 듯 보입니다만, 바닥나는 일이 없습니다.

진정한 의미에서 똑바른 것은 구불구불하게 보이는 법입니다.

진짜 달인은 서투르게 보이고, 훌륭한 웅변가일수록 말이 어눌한 사람처럼 보이는 법이지요.

분주하게 움지이면 추위도 이겨내고, 가만히 있으면 더위도 이겨냅니다.

그래서 차분하고 고요한 사람만이 이 세상의 광기를 다 스릴 수 있다고 하는 것이지요.

크게 이룸은 모자란 듯해도 그 쓰임에 다함이 없다. 꽉 찬 것은 빈 듯해도 그 쓰임에 끝이 없다. 가장 곧은 것은 굽은 듯하고, 가장 뛰어난 기교는 서툰 듯하며, 가장 훌륭한 언변은 더듬는 듯하다. 움직이면 추위를 이기고 가만히 있으면 더위를 이긴다. 맑고 고요함이 천하를 바르게 한다.

大成若缺, 其用不弊. 大盈若沖, 其用不窮. 大直若詘, 大巧若拙, 大辯若訥. 躁勝寒, 靜勝熱. 淸靜爲天下正.

제46장

만족한다는 것의
진정한 의미

이 세상이 도로 물든다면 말이지요. 빼앗으려고 전쟁하지 않
으니 전쟁에 사용하는 말도 농사에 쓸 수 있을 만큼 평화로
울 것입니다.

하지만 이 세상이 도에서 멀어지면 어떻게 될까요? 말
이 모자르니 새끼를 밴 말마저도 전쟁에 차출되어 머나먼 전
지에서 출산하는 처지가 되고 말 것입니다.

즉 강한 욕망을 갖는 것보다 큰 죄는 없고, 만족을 모르
는 것만큼 큰 재앙은 없으며, 무언가를 얻으려 애쓰는 것만
큼 큰 잘못은 없다는 이야기지요.

'만족을 안다'는 말이 의미하는 바는 '남을 만큼 갖고 있

다'는 것도 '욕구를 누르고 참는다'는 것도 아닙니다.

그럼 대체 무엇일까요? 바로 '결핍감이 없다'는 뜻이
지요. 그래서 '만족을 안다'면 언제나 '충족'과 함께할 수
있는 것입니다.

천하에 도가 있으면 군마도 밭을 일구지만 천하에 도가 없으면 군마가 성 밖에서 난다. 지나친 욕심보다 더 큰 불행은 없고, 남의 것을 탐하는 것보다 더 큰 허물은 없다. 만족을 아는 데에서 얻는 만족이 영원하다.

天下有道, 却走馬以糞, 天下無道, 戎馬生於郊. 禍莫大於不知足, 咎莫大於欲得. 故知足之足, 常足.

제47장

창밖을 보지 않아도
하늘의 변화를 알 수 있다

도는 세상 모든 것에 널리 퍼져 있으니 방에서 나오지 않아도 발견할 수 있습니다. 창밖을 내다보지 않아도 그 법칙을 깨달을 수 있지요. 오히려 여기저기 찾아다닐수록 알 수 없게 되는 것이 도입니다.

정보 수집을 하는 데 밤을 새운다는 것은 말이지요. 지금 눈앞에 있는 사실과 자신의 통찰을 포기하고 '앎'을 다른 이의 판단에 맡긴다는 뜻입니다. 그래서 도와 함께 살아가는 사람들이 오히려 밖을 돌아다니지 않고도 진실을 안다고 하는 것이지요.

이들은 세상의 이치와 법칙을 알기 때문에 경과를 보지 않고도 결과를 깨닫습니다. 조작하지 않고도 이루어내고 말이지요.

집을 나가지 않고도 천하를 알 수 있고, 창밖을 엿보지 않아도 하늘의 도를 본다. 멀리 나갈수록 아는 것은 적어진다. 성인은 다니지 않아도 알고, 보지 않아도 이름 지으며 행하지 않고도 이룬다.

不出戶, 知天下, 不闚牖, 見天道. 其出彌遠, 其知彌少. 是以聖人, 不行而知, 不見而名, 不爲而成.

제48장

힘 빼기의
기술

학문의 길을 걷는다면 나날이 지식을 얻을 수 있겠지요. 하지만 도의 길을 걷는다면 나날이 지식을 잃을 것입니다.

도의 길을 걸었는데 지식을 잃는다는 것은 무슨 의미일까요? '저것' '이것' '그것'이라는 분별, '해야 할 것'과 '하지 않으면 안 되는 것'에 대한 신념, '위다' '아래다'와 같은 경쟁심, '잡았다' '잡혔다'와 같은 이해득실의 개념을 비롯한 머릿속의 집념을 없애고 없애서 무위에 도달한다는 뜻입니다.

무위에 도달하면, 억지를 쓰지 않고 모든 것을 이뤄낼 수 있습니다. 그러니 큰일을 해내고 싶다면 오히려 마음을 편히 가져야 합니다.

'끝장을 보겠어!' 하고 작위적인 힘이 들어가버리면 도리어 일이 잘 돌아가지 않기 때문이지요.

배우면 날로 더해지고, 도를 행하면 날로 줄어든다. 줄고 또 줄면 무위에 이른다. 무위에 도달하면 하지 못하는 것이 없다. 천하를 얻으려면 무위를 행해야 한다. 유위하면 얻지 못한다.

爲學日益, 爲道日損. 損之又損, 以至於無爲. 無爲而無不爲. 取天下常以無事. 及其有事, 不足以取天下.

제49장

도는
마음의 방향을 본다

도와 함께 살아가는 사람의 마음에는 아집이라는 게 존재하지 않습니다. 그저 주변 사람의 마음에 동조하여 그때그때 맞춰 살아갈 뿐이지요.

마치 줏대 없는 사람처럼 들린다고요? 하지만 세상 사람들과 다른 게 있습니다. 바로 그 동조에 차별이 없다는 것이지요. 모두가 '악인'이라고 부르는 사람에게도 '선인'과 다를 바 없이 대하니 말입니다.

도와 함께 살아가는 사람은 '행위'와 '사람'을 동일시하지 않습니다. 눈앞에 나타나는 현상이 모두 '도의 흐름'이라는 것을 알고 있기에 오히려 그 사람의 존재를 부정하지 않는 것이지요. 모두에게 '신용할 수 없다'고 낙인찍힌 사람마저도 믿습니다. 그 사람이 하는 말 저편에 있는, 마음의 방향을 보고 있기 때문입니다.

그들은 세상을 대할 때 조용히 마음을 비우고 주변 사람과 어우러집니다.

모두가 "네 의견은 어때?"라고 물으며 주목하고, 귀를 기울이며 다가서도 '자신의 의견과 판단'을 주장하는 일이 없지요. 그렇게 껄끄러운 모두의 마음을 갓난아이처럼 부드럽게 만들어줍니다.

성인은 상심이 없어서 백성의 마음을 자신의 마음으로 삼는다. 선인을 선하게 여기고 악인도 선하게 여기는 것은 나 자신이 선한 덕을 갖춰서다. 믿음이 있는 자와 믿음이 부족한 자도 믿는다. 믿을 수 있는 덕을 갖춰서다. 성인은 천하에 머물며 마음을 비우고 천하를 위하여 그 마음을 섞는다. 백성이 모두 그 이목을 집중할 때 성인은 어린아이와 같이 대한다.

聖人無常心. 以百姓心爲心. 善者吾善之, 不善者吾亦善之, 德善. 信者吾信之, 不信者吾亦信之, 德信. 聖人在天下, 歙歙爲天下渾其心. 百姓皆注其耳目. 聖人皆孩之.

제50장

살고자 하면 죽고
죽고자 하면 산다

사람은 누구나 태어나서 죽습니다. 그러니 탄생은 죽음의 입구지요. 사람의 수명은 본래 장수하는 사람이 열에 셋, 젊어서 죽는 사람이 열에 셋, 그리고 잠자코 있으면 좀 더 살 수 있을 텐데 굳이 나서서 수명을 단축하는 사람이 열에 셋이라고 합니다.

왜 빨리 죽는가 하면, 살아 있음에 지나치게 집착한 나머지 불필요한 행동을 하기 때문입니다.

이런 속담이 있습니다.

'명대로 사는 사람은 육지를 여행해도 맹수를 만나지 않

고, 전쟁터에서조차 무기에 의지하지 않는다. 코뿔소가 뿔을
찌를 틈도, 호랑이가 발톱을 세울 틈도, 적병이 칼을 들이댈
틈도 없다.'

왜 그런가 하니 그들은 살아 있는 것에 집착하지도, 죽
는다는 것을 의식하지도 않기 때문입니다. 그래서 죽음의 신
이 빌붙을 틈이 없는 것이지요.

나서 죽을 때까지 사는 자는 열에 셋이요, 죽음의 길에 있는 자도 열에 셋이다. 살 수 있으나 공연히 죽는 자가 열에 셋이다. 무엇 때문인가. 그것은 살려는 마음이 너무 많기 때문이다. 듣자 하니 섭생을 잘하는 사람은 뭍으로 가도 무소나 범을 만나지 않고 군대에 가도 갑옷을 걸치고 병기를 들 일이 없다. 소가 뿔로 들이받을 곳이 없고 범은 발톱으로 할퀼 곳이 없으며 적이 그 칼을 쓸 곳이 없다. 무엇 때문인가. 그에게는 죽을 곳이 없어서다.

出生入死. 生之徒十有三, 死之徒十有三. 人之生, 動之死地, 亦十有三. 夫何故. 以其生生之厚. 蓋聞, 善攝生者, 陸行不遇兕虎, 入軍不被甲兵. 兕無所投其角, 虎無所措其爪, 兵無所容其刃. 夫何故. 以其無死地.

제51장

사랑은 도가 생명을 주고,
덕이 돌보는 것

도가 세상 모든 것에 생명을 주고, 덕이 그것을 키우며, 물질에 형태를 부여해주고, 형태 안에 성질을 불어넣어 완성시킵니다. 그래서 세상 모든 것이 도를 존중하고 덕을 귀하게 여기는 것이지요.

이렇게 도를 존중하고 덕을 귀하게 여기는 것은 누군가가 강요한 게 아니라 자연스레 그렇게 된 것입니다.

도가 모든 것을 만들어내고, 덕이 그것을 돌보고, 성장시키고, 키우고, 안정시키고, 충실하게 만들고, 먹이고, 감춰주기 때문이지요. 하지만 만들어냈어도 내 것이라 주장하지 않고, 영위하면서도 과시하지 않고, 성장시키면서 지배하지도 않습니다. 도와 덕은 어떤 흥정도, 거래도 요구하지 않고, 일체의 보상도 원하지 않지요.

어떤 단어가 떠오르지 않나요? 맞습니다. 이것을 '사랑'이라 부르지 않고 무엇이라 부를 수 있을까요?

도는 낳고 덕은 길러주니 만물이 형태로 나타나고 성장한
다. 만물은 도를 높이고, 덕을 귀히 여긴다. 도가 높고 덕이
귀한 것은 시키지 않아도 저절로 그러는 것이다. 도는 만물
을 낳고 덕은 길러준다. 만물을 성장시켜 모양을 주고 안정
시키며, 편안하게 하고 보살펴준다. 낳아도 소유하지 않고,
하고도 자랑하지 않으며, 키워도 지배하지 않으니 이것을
현덕이라 한다.

道生之, 德畜之, 物形之, 勢成之. 是以萬物, 莫不尊道而貴德.
道之尊, 德之貴, 夫莫之命, 而常自然. 故道生之, 德畜之, 長之
育之, 亭之毒之, 養之覆之. 生而不有, 爲而不恃, 長而不宰, 是
謂玄德.

유혹의 창을 막고
욕망의 문을 닫아라

이 세계에도 시작이 있지요. 그리고 그곳에 '세계의 어머니'인 도가 있습니다.

이미 '어머니'인 도를 안다면, 만물이 그 '자식'임을 알 테지요. 만물이 이미 도의 '자식'이라는 것을 알고 있다면, '어머니'인 도의 품에서 떨어지지 않을 것입니다. 그렇게 되면 삶이 다할 때까지 위태로울 일이 없으니 모든 걱정이 사라지겠지요.

눈과 귀와 코와 입과 같은 유혹의 창을 막고, 마음이라는 강렬한 감정의 출입구, 즉 욕망의 문을 닫으면 삶이 다할 때까지 가슴 미어지는 일은 없을 것입니다. 하지만 유혹의 문을 열고 욕망이 이끄는 대로 살아간다면 삶이 다할 때까지 구원받을 수 없을 테지요.

작은 변화를 잘 관찰할 수 있는 사람을 '밝다' 하고, 유연함을 잘 지킬 수 있는 사람을 '강하다' 합니다. 이 밝은 빛으로 내면을 밝혀 만물의 근원인 '도'로 돌아간다면, 어떤 업보도 남지 않을 것입니다.

열반의 경지가 바로 그곳에 있는 것이지요.

천하에 처음이 있으니 그것은 천지 만물의 어머니다. 이미 그 어머니를 얻었으니 그 자식을 알 수 있다. 이미 그 자식을 알아서 그 어머니를 지키면 죽는 날까지 위태롭지 않다. 구멍을 막고 문을 닫으면 죽을 때까지 근심이 없다. 구멍을 열고 그 일을 이루면 평생 구제되지 못한다. 작은 것을 잘 보는 것은 밝음이요, 부드러움을 지키는 것은 강함이다. 그 빛을 써서 밝음으로 돌아가면 재앙이 남지 않으니 습상이라 한다.

天下有始, 以爲天下母. 既知其母, 復知其子, 既知其子, 復守其母, 没身不殆. 塞其兌, 閉其門, 終身不勤. 開其兌, 濟其事, 終身不救. 見小曰明, 守柔曰强. 用其光, 復歸其明, 無遺身殃. 是爲習常.

제53장

도둑은 항상
샛길로만 다닌다

자신 안에 '깨달음'이 있다면, 도의 길이 넓다는 것을 알게
되니 샛길로 빠지는 일을 경계할 것입니다.

그런데 말이지요. 도의 길은 더없이 크고 평탄한데, 사
람들은 자꾸만 샛길로 빠지려 합니다. 입으로는 '사랑을 원
한다'고 하면서 털끝만큼도 그렇게 살아가려 하지 않지요.

생각해보세요. 높으신 분들의 집은 아름답게 꾸며져 있
으면서, 국민의 터전은 그들의 욕심 때문에 황폐해질 대로
황폐해져 있고, 민중의 곳간은 텅 비어 있지 않습니까.

그런데도 높으신 분들은 아름답게 차려입고, 멋진 무기

를 찬 채로 폭음폭식을 일삼고 있지요. "맛없어" 또 "질렸어"라고 떠들어대면서 말입니다. 음식을 아끼지 않고, 쓸 것도 아닌 돈을 잔뜩 모아두면서요.

이것이 도둑이 부리는 사치가 아니면 무엇이겠습니까. 이들은 '도의 삶'을 사는 게 아니라 '도둑의 삶'을 살고 있는 것이지요.

어째서 이렇게 샛길로 빠지는 것을 좋아하는 걸까요? 그 '정도'도 모르고 말이지요.

내게 지혜가 있다면 대도를 걸을 때 오직 샛길을 두려워할 것이다. 대도는 평탄하나 사람들은 샛길을 좋아한다. 밭은 황폐하고 창고는 비었는데 조정은 아주 정결하여 사람들은 화려한 옷을 입고 날카로운 칼을 찼다. 음식과 재화는 남아 돈다. 이것을 큰 도적이라 하지 어찌 도라 하겠는가.

使我介然有知, 行於大道, 唯施是畏. 大道甚夷, 而民好徑. 朝甚除, 田甚蕪, 倉甚虛, 服文綵, 帶利劍, 厭飮食, 財貨有餘. 是謂盜夸, 非道哉.

제54장

진실한 마음은
전해지고 이어진다

마음속에 다정함이 확실히 뿌리내리고 있다면, 도에서 떨어져 나오는 일은 없을 것입니다.

마음속에 배려를 확실히 품고 있다면, 세상에 휘둘리는 일도 없을 테지요.

진정 진실한 마음은 자손에서 자손으로, 면면히 전해지고 이어지는 법입니다.

그러니 우선 당신의 마음속에 확실히 뿌리내리게 하세요. 그 영향은 언젠가 가족과 동료에게도 전해질 테니 말입니다.

진실한 마음이 전해져 나라 전체에 퍼진다면 온 나라가

다정함으로 넘쳐날 것입니다. 나아가 세계에 퍼진다면 온 세계가 평화로 가득해질 테지요.

사회가 사람을 형성하는 것이 아니라, 사람의 마음이 사회를 형성하는 것입니다. 그러니 자기 자신을 성찰하세요. 진정 자신의 바람직한 상태가 무엇인지 알게 될 것입니다.

그렇게 가족과의 관계를 성찰할 때 가족 본연의 자세를 알게 되고, 커뮤니티와의 관계를 성찰할 때 진정한 커뮤니티의 존재 방식을 알게 되며, 사회와의 관계를 성찰할 때 사회의 진정한 존재 방식을 알게 되고, 세계와의 관계를 성찰할 때 세계의 진정한 존재 방식을 알게 될 것입니다.

세상이 이렇게 된다는 것을 어떻게 아느냐고요? 그것은 저도 위와 같이 자신을, 가족을, 사회를, 세계를 바라보았기 때문이지요.

잘 세운 것은 뽑히지 않고 잘 안으면 떨어지지 않으니 자손 대대 제사가 끊이지 않는다. 몸을 닦으면 그 덕이 진실해지고, 집을 닦으면 그 덕이 여유로워지며, 고을을 닦으면 그 덕이 오래가고, 나라를 닦으면 그 덕이 풍성해지며, 천하를 닦으면 그 덕이 널리 퍼진다. 몸을 몸으로 보고, 집안을 통해 집안을 보며, 고을을 통해 고을을 보고, 나라를 통해 나라를 보며, 천하를 통해 천하를 본다. 내 무엇으로 천하의 이런 것을 알겠는가. 도에 의해서다.

善建者不拔, 善抱者不脫. 子孫以祭祀不輟. 修之於身, 其德乃眞. 修之於家, 其德乃餘. 修之於鄕, 其德乃長. 修之於國, 其德乃豊. 修之於天下, 其德乃普. 故以身觀身, 以家觀家, 以鄕觀鄕, 以國觀國, 以天下觀天下. 吾何以知天下然哉, 以此.

제55장

갓난아이처럼
도리에 거스르지 않게

마음속 깊이 덕을 지니고 있는 사람은 갓난아이와 같습니다. 전혀 적의나 사심이 없기 때문에 벌이나 전갈, 살무사 무리를 만나더라도 그를 쏘거나 물려고 하지 않지요.

맹수의 무리를 맞닥뜨려도 그를 습격하지 않고, 매나 독수리 무리와 마주쳐도 채가려 하지 않습니다.

갓난아이를 한번 들여다보세요. 아직 뼈도 약하고 근력도 불안하지만, 손을 꽉 쥐었을 때의 단단함은 정말 대단하지 않습니까.

또 성교에 대해서 아무것도 모르면서 갓난아이의 고추가 꼿꼿이 위로 향하는 것은 그에게 생명 에너지인 정기가 충만하기 때문이지요.

온종일 울며 소리쳐도 목소리가 갈라지지 않는 것은 음양의 조화가 이루어져 있기 때문입니다.

그런 식으로 조화의 원리를 깨닫는 곳에 도의 길이 있고, 그 길에서 벗어나지 않는 것을 '명석'이라고 합니다.

건강하여 오래 사는 것은 기쁜 일이지만, 그렇다고 오래 살기 위해 억지로 기력을 쏟을 필요는 없습니다. 이는 무리해서 강한 척하는 것에 지나지 않으니까 말이지요.

어떤 것이든 그 위세가 너무 좋으면 오히려 사그라지는 것도 빠릅니다. 도리에는 당해낼 수가 없으니 이런 부자연스러운 행동거지는 바로 벽에 부딪히고 말지요.

덕을 두텁게 품은 사람은 갓난아이 같다. 벌도 전갈도 독사도 물지 않고, 맹수도 덮치지 않고, 사나운 새도 공격하지 않는다. 뼈는 약하고 근육은 부드럽지만 쥐는 힘은 강하다. 암수의 합을 모르지만 성기가 일어서는 것은 정기가 지극해서다. 온종일 울어도 목이 쉬지 않는 것은 조화가 지극해서다. 이런 조화를 변함없는 것이라 하고, 변함없음을 아는 것을 밝음이라 한다. 생을 늘리는 것을 재앙이라 하고, 마음이 기를 부리는 것을 강하다 한다. 만물이 장성하면 곧 쇠퇴하니 이는 도가 아니다. 도가 아니면 금방 그친다.

含德之厚, 比於赤子. 蜂蠆虺蛇不螫, 猛獸不據, 攫鳥不搏. 骨弱筋柔而握固. 未知牝牡之合而朘怒, 精之至也. 終日號而不嗄, 和之至也. 知和曰常, 知常曰明, 益生曰祥. 心使氣曰强. 物壯則老, 謂之不道, 不道早已.

제56장

가까이할 수도
멀리할 수도 없는 사람

정말로 알고 있는 사람이라면, 대부분 그 아는 것을 떠벌리지 않습니다. 알지도 못하는 녀석일수록 말수가 많은 법이지요.

도와 함께 살아가는 사람은 쓸데없이 입을 놀리지 않습니다. 입만이 아니라 눈도 귀도 쓸데없이 사용하는 일이 없지요. 눈, 귀, 코, 입을 포함해 몸에 난 구멍을 다 막고 그 모든 유혹을 문 앞에서 쫓아내버립니다.

그러면서 일부러 마음에 있던 가시를 무디게 하고, 뒤엉켰던 마음의 갈등을 풀고, 깨달음과 조화를 이루어 때 묻은 세상과 섞여 살 줄 알지요.

이러한 사람을 현묘하게 어울린다고 하여 현동玄同이라 일컫습니다. 이들은 좀처럼 쉽게 가까이할 수도 없고, 그렇다고 멀리하며 쌀쌀맞게 굴 수도 없는 사람이지요. 이익을 주는 일도 할 수 없고, 위해를 가하는 일도 할 수 없습니다. 숭배할 수도 없고 경멸할 수도 없고 말이지요.

그런 까닭에 오히려 '가치를 넘는 가치'가 그에게 있다 할 수 있습니다.

아는 사람은 말하지 않고 말하는 사람은 알지 못한다. 그 구멍을 막고 그 문을 닫으며 그 날카로움을 꺾고, 그 엉킨 것은 풀어주며, 그 빛을 조화롭게 하고 그 먼지와 함께하니 이것을 현동이라 한다. 그러므로 가까이할 수 없고, 멀어질 수 없으며, 이로움을 얻을 수 없고, 해롭게 할 수 없으며, 귀히 여길 수 없고, 비천하게 여길 수 없다. 그리하여 천하에서 가장 귀한 것이 된다.

知者不言, 言者不知. 塞其兌, 閉其門, 挫其銳, 解其紛, 和其光, 同其塵. 是謂玄同. 故不可得而親, 亦不可得而疏. 不可得而利, 亦不可得而害. 不可得而貴, 亦不可得而賤. 故爲天下貴.

제57장

무력이 아니라
무위로 다스려라

나라를 다스리는 리더는 권력이 아니라 성실함을 가져야 합니다.

징병이 필요하다고 말들 해도 무력이 아니라 조화롭게 해결해야 하지요. 세계를 하나로 만들고 싶다면, 약삭빠른 계획을 세우지 말고 도의 흐름에 모든 것을 맡겨야 합니다.

왜 이렇게 해야 하느냐고요? 궁금하다면 귀 기울여 들어보십시오.

"저것은 안 돼, 이것도 안 돼" 하고 금지 사항이 많아질수록 사람들은 점점 빈궁해집니다. 별의별 무기를 안겨주면

방위에 이용하는 게 아니라 폭력에 사용하게 되지요.

테크놀로지가 고도로 발전할수록 사람 손에 일을 맡기지 않게 되고, 법령이 늘어날수록 그 그물망을 피해 범죄를 저지르는 무리가 늘어나게 됩니다.

그런 까닭에 이러한 이치를 터득한 한 성인은 이렇게 말했습니다.

"나라면 쓸데없이 참견하지 않겠다. 백성이 진정으로 원한다면 스스로 나아가 변할 것이니. 사람들이 진정으로 자유와 평화를 사랑할 때 나라가 잘 다스려지고, 국가가 아무것도 하지 않을 때 모두가 풍족하게 살아가리라. 쓸데없는 욕구를 안겨주지 않으면, 사람은 건전해지니까 말이다."

바른 것으로 치국하고 기이함으로 용병하며, 일이 없는 것
으로 천하를 취한다. 내가 그것을 어찌 알겠는가? 이것에
의해서다. 천하에 규제가 많으면 백성은 더 가난해지고, 백
성에게 이기가 많으면 국가는 더 혼란해지며, 사람들이 기
교를 부릴수록 기이한 물건이 더 많아지고, 법령이 늘수록
도적이 더 많아진다. 성인은 말한다. 내가 무위하면 백성이
저절로 교화되고, 내가 고요함을 좋아하면 백성 스스로 바
르게 되며, 내가 일이 없으면 백성은 저절로 부유해지고,
내가 욕심을 없애면 백성은 저절로 순박하게 된다.

以正治國, 以奇用兵, 以無事取天下. 吾何以知其然哉. 以此. 天
下多忌諱, 而民彌貧. 民多利器, 國家滋昏. 人多伎巧, 奇物滋起.
法令滋彰, 盜賊多有. 故聖人云, 我無爲而民自化. 我好靜而民
自正. 我無事而民自富. 我無欲而民白樸.

행운과 불행은
한 몸이다

국가가 무리하게 통제하지 않고 너그럽게 대한다면, 국민은
순박하게 살아갈 것입니다. 하지만 국가가 잔소리를 해대며
옹색하게 대한다면, 국민은 불만을 터뜨릴 테지요.

재앙 뒤에는 행운이 찾아오고, 행운 뒤에는 불운이 기다
리고 있습니다.

행운과 불행은 표리일체로 언제나 순환하니 제행무상의
종착점은 그 누구도 찾아낼 수 없습니다. 즉 이 흐름에 정해
진 것 따위는 없다는 얘기입니다.

풀어서 이야기해볼까요? 장소나 시대, 습관 등이 달라

지면 정상이라고 불리던 것들도 이상한 것이 될 수 있습니다. 멋지다고 찬양받던 행위도 괴이한 것으로 그 모습이 변하는 것을 우리도 많이 봐왔지 않습니까. 그러므로 사람이 미혹에 빠지는 것은 어제오늘 일이 아닙니다.

이런 까닭에 도의 길을 따르는 사람은 흑백을 딱 잘라 결론짓지 않습니다. 그 흑백은 언제든 변할 수 있으니까요.

모가 났지만 그 모서리로 타인에게 상처 주지 않고, 솔직하지만 그 솔직함을 타인에게 강요하지 않고, 빛나지만 타인의 눈을 번쩍이게 하지 않지요.

정치가 어수룩하면 백성은 순박해지고, 정치가 빈틈없으면 백성은 원망을 품는다. 화 곁에는 복이 기대 있고 복 속에는 화가 엎드려 있다. 누가 그 끝을 아는가? 정도라는 것은 없으니 바른 것이 기이한 것이 되고 좋은 것이 요사스런 것이 된다. 사람들이 미혹된 지는 이미 오래다. 그러므로 성인은 모나도 가르지 않고, 날카로우나 상처 주지 않으며, 곧아도 함부로 하지 않고, 빛이 나도 눈부시지 않다.

其政悶悶, 其民淳淳. 其政察察, 其民缺缺. 禍兮福之所倚, 福兮禍之所伏. 孰知其極. 其無正. 正復爲奇, 善復爲訞. 人之迷, 其日固久. 是以聖人方而不割, 廉而不劌, 直而不肆, 光而不耀.

제59장

짐이 많을수록
발걸음은 무거워진다

검소하게 살아갈 때 자신을 평온하게 가라앉히고 하늘의 뜻을 완수할 수 있습니다.

생각해보세요. 물질적인 것이든 마음속에 있는 것이든 짐이 많을수록 발걸음은 무거워지는 법 아니겠습니까. 반면에 검소하고 단순하게 살아간다면, 마음에 걸릴 것이 없으니 어떤 일에도 즉시 대응할 수 있지요.

뜻밖의 일이나 우려했던 만일의 경우가 일어났을 때, 검소하고 단순한 삶의 진가를 실감할 수 있을 것입니다.

검소함이 생활에 뿌리내린다면 무슨 일이든 순조롭게

전개될 것입니다. 검소하여 걸릴 것이 없으니 순조롭고, 순조로우면 '벽에 부딪힐' 일이 없지요. 벽에 부딪히는 일, 즉 한계를 모르면 나라까지 지킬 수 있는 사람이 됩니다.

검소함을 나라의 어머니, 나라의 근본으로 삼고 그것을 오래도록 지킨다면, 뿌리가 깊어지고 줄기가 굳건해지니 그 나라는 장수의 길을 걸을 것입니다.

사람을 다스리고 하늘을 섬기는 데 가장 좋은 것은 검소함
이다. 검소하면 일찍 도를 따르고 일찍 따르면 덕을 쌓고
덕을 쌓으면 이기지 못할 것이 없다. 무엇이든 이기게 되면
아무도 그 궁극을 알지 못하며 나라를 가질 수 있다. 나라
의 근본을 가지면 나라는 오래 유지된다. 이것을 심근고저
장생구시의 도라 한다.

治人事天, 莫若嗇. 夫唯嗇, 是謂早服. 早服謂之重積德. 重積德,
則無不克. 無不克, 則莫知其極. 莫知其極, 可以有國. 有國之母,
可以長久. 是謂深根固柢, 長生久視之道.

도 있는 곳에
탈이 없다

큰 나라를 다스릴 때는 말이지요. 작은 생선을 찔 때처럼 자꾸 뒤집거나 헤집지 말아야 합니다. 손을 대면 댈수록 그 형태는 부서지고 마니까요.

리더가 인위적으로 손을 대지 않고 도의 힘에 따라 나라를 다스리면, 국민은 신을 믿을 필요가 없어집니다. 그럼 신도 그 힘을 잃게 되는 것과 다름없으니 사람에게 해를 끼치는 일도 없게 되지요.

리더도 신도 사람에게 해를 끼치지 않고, 리더와 신도 서로에게 해를 가하는 일이 없으니 그 덕분에 나라도 국민도 잘 다스려지게 되는 것입니다.

대국을 다스리려면 작은 생선을 찌듯 해야 한다. 도로써 천하를 다스리면 귀신도 신령한 힘을 발휘하지 못한다. 귀신이 신령하지 못한 것이 아니라 그 신령함이 사람을 해치지 못한다. 신령이 사람을 해치지 못할 뿐 아니라 성인도 사람을 상하게 못 한다. 이 둘이 서로 해치지 않는 까닭에 그 덕이 서로에게 돌아간다.

治大國, 若烹小鮮. 以道莅天下, 其鬼不神. 其鬼不神. 非其鬼不神, 其神不傷人. 非其神不傷人, 聖人亦不傷人. 夫兩不相傷, 故德交歸焉.

제61장

낮출수록
높아진다

큰 국가는 큰 강의 하류와 같습니다. 모든 흐름이 섞이는 그곳은 마치 온 세계가 사모하는 여성과 같지요.

왜 여성과 같다고 할까요? 여성은 언제나 겸허한 태도를 취하지 않습니까. 어느 시대든 남성이 여성을 이길 수 없는 것도 그 이유 때문이지요.

큰 국가라 할지라도 작은 국가를 대할 때는 점잖은 태도로 자신을 낮추어야 합니다. 그러면 작은 국가의 신뢰를 얻을 수 있을 것입니다. 마찬가지로 작은 국가 또한 자신을 낮추어 큰 국가를 대하면 큰 국가의 신뢰를 얻을 수 있지요.

자신을 낮추는 것으로 부하를 얻을 수 있고, 자신을 낮추는 것으로 안정을 얻는 경우도 있습니다. 큰 국가가 작은 국가를 귀속시키면 보살펴줄 수 있고, 작은 국가는 큰 국가를 섬기는 동시에 그 지붕 밑에 들어가 보호받을 수 있지요.

양쪽의 바람이 이루어지려면, 먼저 큰 국가가 겸양의 태도를 보이면 됩니다. 이러한 태도는 오늘날 우리가 맺는 모든 '관계'에도 적용할 수 있지 않을까요?

대국은 하류이므로 천하 모든 흐름이 만난다. 대국은 천하를 품는 암컷이다. 암컷은 항상 고요함으로 수컷을 이기는데, 고요함으로 자신을 낮춰서다. 대국이 소국에 낮추면 소국을 얻게 되고 소국이 대국에 낮추면 대국을 얻는다. 어떤 것은 낮춤으로써 받아들이고 어떤 것은 낮춤으로써 받아들여진다. 대국은 소국을 길러주고자 할 뿐이고, 소국은 들어가 섬기고자 할 뿐이다. 양쪽이 바라는 바를 얻으려면 큰 것이 마땅히 낮춰야 한다.

大國者下流, 天下之交. 天下之牝. 牝常以靜勝牡. 以靜爲下. 故大國以下小國, 則取小國. 小國以下大國, 則取大國. 故或下以取, 或下而取. 大國不過欲兼畜人, 小國不過欲入事人. 夫兩者各得其所欲. 大者宜爲下.

제62장

도는 악인의
마음에도 있다

도는 만물의 근본으로 마음 가장 깊은 곳에 있는 것입니다. 그리하여 선한 사람은 이것을 보물로 간직하고, 자비 없는 사람은 이것에 숨기도 하지요.

아름다운 말을 하면 칭찬을 받고, 친절한 행동이 사람들에게 영향을 준다는 것은 모두가 알고 있는 사실입니다. 아무리 악인이라고 해도 그것을 모르지 않지요. 그러니 악인을 어찌 버릴 수가 있겠습니까.

더녀가 세워지고 그 밑에 사람이 임명되면, 보문은 사두마차로 실어 나르듯 귀한 것을 주어 재목을 구하려 합니다.

하지만 그 어떤 공물을 주어 현자를 데려오는 것보다 가만히 앉아서 도의 길을 나아가는 것이 으뜸인 법입니다.

　옛사람들은 왜 도를 공경한 것일까요? 그 이유는 구하면 반드시 얻어지고, 죄가 있어도 용서받을 수 있기 때문입니다. 그리하여 옛사람들이 이를 보물로 여겨온 것입니다.

도는 만물의 근원으로 선인의 보물이요, 악인도 지닌 것이다. 아름다운 말은 저잣에 모인 사람들도 알아듣고 아름다운 행실은 사람에게 영향을 주는데 악인이라 해서 어찌 버리겠는가. 천자를 세우고 삼공을 두면 비록 큰 옥을 받쳐 들고 사두마차를 앞세운다 해도 이는 앉아서 가만히 도를 들려주는 것만 못하다. 예부터 이 도를 귀히 여긴 까닭은 무엇인가. 구함으로 얻고 죄를 면하게 해서다. 그러므로 천하에서 가장 존귀하다.

道者, 萬物之奧. 善人之寶, 不善人之所保. 美言可以市, 尊行可以加人. 人之不善, 何棄之有. 故立天下, 置三公, 雖有拱璧以先駟馬, 不如坐進此道. 古之所以貴此道者何. 不曰以求得, 有罪以免耶. 故爲天下貴.

제63장

별것 아닌 일이
위대한 일을 만드는 법

평생 이벤트나 서프라이즈한 일을 바라지 않고 살아갈 수 있습니까? 아무 일도 일어나지 않는 따분한 일상을 그대로 받아들이며 사는 것은 어떨까요?

일확천금을 꿈꾸는 것이 아니라 티끌을 묵묵히 쌓아가며 사는 것은 어떤가요? 원한을 덕으로 갚으며 살아갈 수 있을까요? 일이 커지기 전에 미리 해결하는 것이 가능할까요?

사실 귀찮은 일이란 반드시 별것 아닌, 아주 작은 일에서 늘 시작됩니다. 그래서 도와 함께 살아가는 사람이 '큰 문제를 해결한다'는 생각 없이도 위대한 일을 해내는 것이지요.

또 그렇기 때문에 경솔하게 일을 떠맡는 사람을 신뢰할 수 없는 것입니다. 쉽게 하겠다고 달라붙는 사람일수록 귀찮은 일을 일으키기 마련이니까요.

도와 함께 살아가는 사람은 작은 일이라 해도 주의 깊게, 진지하게 대처합니다. 그렇게 어려운 일도 무사히 마칠 수 있는 것이지요.

바로 이것이 곤란한 상황에 직면하지 않고 살아가는 비법입니다.

무위로 행하고, 일이 없는 것을 일로 하며, 무미를 참맛으로 삼는다. 작은 것을 크게, 적은 것을 많게 여기며, 원한은 덕으로 갚는다. 어려운 일은 쉬울 때 처리하고 큰일은 작은 일일 때 처리한다. 천하의 어려운 일은 반드시 쉬운 데서 일어나고, 천하의 큰일은 반드시 작은 일에서 시작된다. 성인은 큰 것을 행하려 하지 않기에 능히 큰 것을 이루어낸다. 무릇 가볍게 허락하면 반드시 믿음이 적고, 쉬운 일에는 반드시 어려움이 닥친다. 성인은 쉬운 일을 어렵게 여기므로 끝내 어려움이 없다.

爲無爲, 事無事, 味無味. 大小多少, 報怨以德. 圖難於其易, 爲大於其細. 天下難事必作於易, 天下大事必作於細. 是以聖人終不爲大. 故能成其大. 夫輕諾必寡信, 多易必多難. 是以聖人猶難之. 故終無難.

제64장

성공과 행복은
늘 함께 오지 않는다

안정적인 것은 계속 유지하기 쉽고, 조짐이 나타나기 전이라면 손쓰기 쉽습니다. 무른 것은 무너지기 쉽고, 미세한 것은 흩어지기 쉽지요. 문제가 겉으로 나타나기 전에 해결해야 하고, 혼란의 싹은 세상을 어지럽히기 전에 잘라내야 합니다.

양팔에 안기지 않을 정도의 큰 나무도 처음에는 털끝 정도의 싹에서 성장하고, 수십 층으로 이루어진 높은 건물도 한 줌의 흙으로 지어지지요.

흔히 '천 리 길도 한 걸음부터'라고 하지 않습니까. 세상 사람들은 성공을 목표로 하여 마구 달리지만 결국 도중에 숨이 가빠지고 말지요. 꽤 괜찮은 위치까지 올라갔다고 해도, 그 또한 권력에 대한 집착이 심해지면 파경을 맞게 됩니다.

도와 함께 살아가는 사람은 무리를 하지 않으니 실패도 없고, 집착이 없으니 잃을 것도 없습니다.

세상 사람들은 너무 열심히 하기 때문에 완성되기 바로 직전에 좌절하는 것입니다. 마무리도 처음의 한 걸음과 똑같이 자연스럽게 할 수 있다면 실패하는 일도 없을 텐데 말이지요.

넓은 학식을 버리는 것, 그것을 배울 때 사람들이 도를 넘어서지 않도록 바로잡고 만물이 '있는 그대로' 존재하도록 도울 수 있습니다. 쓸데없이 꾸미려 들지 말아야 함은 물론입니다.

편하면 유지가 쉽고 조짐 전에는 계획하기 쉽고, 물렀을 때
는 녹기 쉽고, 미세한 것은 흩어지기 쉽다. 아무 일도 없을
때 처리해야 하고, 어지러워지기 전에 다스려야 한다. 큰
나무도 작은 씨앗에서 시작되고, 구 층 누대도 흙에서 시작
되며, 천 리 길도 한걸음에서 시작된다. 인위적으로 행하는
자는 실패하고 집착하는 이는 잃게 되니, 성인은 무위로 행
하므로 실패하지 않고 집착이 없어 잃지 않는다. 사람은 항
상 완성 무렵 실패한다. 시작처럼 마치기를 신중히 하면 실
패가 없다. 이 때문에 성인은 얻기 어려운 재물을 귀히 여
기지 않고, 배우지 않는 것을 배우며, 뭇사람의 잘못을 구
제하고 만물을 도울 뿐 작위하지 않는다.

其安易持, 其未兆易謀, 其脆易破, 其微易散. 爲之於未有, 治之
於未亂. 合抱之木, 生於毫末, 九層之臺, 起於累土. 千里之行, 始
於足下. 爲者敗之, 執者失之. 是以聖人, 無爲, 故無敗. 無執, 故
無失. 民之從事, 常於幾成而敗之. 愼終如始, 則無敗事. 是以聖
人欲不欲, 不貴難得之貨. 學不學, 復衆人之所過. 以輔萬物之
自然, 而不敢爲.

제65장

사람은 머리가 아닌
마음으로 얻어라

도를 잘 아는 옛사람들은 민중을 계몽하는 것이 아니라 어리석게 만들고자 했습니다. 왜 그렇게 했을까요?

민중이 약삭빠른 지혜를 많이 깨우치면 다스리기 어려운 법입니다. 이러한 지혜가 조작을 만들고, '사랑'을 '거래'로 바꾸어버리기 때문이지요.

그런 까닭에 지식에 의지하여 나라를 다스리려 하면 재앙을 부르기 마련입니다.

머리는 만물을 복잡하게 하며, 마음은 만물을 단순하게 만들지요. 그래서 지식에 의지하지 않고 나라를 다스리면 행복이 찾아오는 것입니다.

노자는 이것을 명심하는 것이야말로 정치의 기본, 바로 '현덕'이라 하였습니다. 이 현덕으로 사람들을 대한다면, 무엇을 줄 때 반드시 보상받아야 한다는 '거래'의 감각이 사람들에게서 사라질 것입니다.

그때 '사랑'이라는 완전한 조화도 그 모습을 드러낼 것입니다.

옛날에 도를 바르게 행하는 자는 백성을 명민하게 하지 않고 어수룩하게 했다. 백성을 다스리기 어려운 것은 그 지혜가 많아서다. 지혜로 나라를 다스리는 것은 나라에 해가 되고 지혜로 나라를 다스리지 않는 것은 나라를 복되게 한다. 이 두 가지를 아는 것이 법도다. 항상 이 법도를 아는 것을 현덕이라 한다. 현덕은 심오하고 멀어서 세속과는 반대다. 현덕을 깨달아야 대순에 이른다.

古之善爲道者, 非以明民, 將以愚之. 民之難治, 以其智多. 故以智治國, 國之賊. 不以智治國, 國之福. 知此兩者, 亦楷式. 常知楷式, 是謂玄德. 玄德深矣遠矣, 與物反矣. 乃至於大順.

제66장

가장
낮은 곳의 왕

큰 강과 바다가 '수많은 골짜기의 왕'이 될 수 있는 것은 자신을 항상 낮은 곳에 두기 때문입니다. 그것이 '왕'인 이유지요.

　　인간관계에서도 마찬가지입니다. 만약 자신이 리더가 되고자 한다면, 처음에 말로 겸허함을 보이지 않으면 안 됩니다. 사람 앞에 서고자 한다면, 그 몸을 사람들 뒤에 놓지 않으면 안 되지요.

　　도를 아는 사람이 리더라면 위에 서 있어도 아랫사람들이 부담을 느끼지 않습니다. 앞에 있어도 뒷사람들에게 방해가 되지 않지요. 그렇게 하면 사람들은 나중에까지 그를 지지하며 싫어하는 일이 없습니다.

　도를 아는 리더는 누구와도 싸우는 법이 없습니다. 그렇기 때문에 온 나라의 누구도 그와 싸울 수 없는 것이지요.

강과 바다가 능히 계곡의 왕이 될 수 있는 까닭은 가장 아래에 있어서다. 그러므로 계곡의 왕이 된다. 백성보다 위에 있기를 바란다면 반드시 낮춰야 하고 백성보다 앞서고자 한다면 반드시 뒤에 있어야 한다. 성인은 위에 있어도 백성이 무거워하지 않고 앞에 있어도 방해로 여기지 않으니 세상 사람들은 그를 기꺼이 추대하고 싫어하지 않는다. 성인은 다투지 않으니 천하는 그와 다툴 수 없다.

江海所以能爲百谷王者, 以其善下之. 故能爲百谷王. 是以欲上民, 必以言下之, 欲先民, 必以身後之. 是以聖人, 處上而民不重, 處前而民不害. 是以天下樂推而不厭. 以其不爭, 故天下莫能與之爭.

제67장

무위의
세 가지 조건

세상 사람들은 제가 말하는 '무위의 길' 즉 '도'에 대해서 "크기는 하지만 길답지 않다"고 비판합니다. 하지만 말이지요. 도라는 것은 깨달아야만 비로소 '길'처럼 보이는 법입니다. 처음부터 그 '길'이 보였다면, 이미 예전에 좁은 것이 되어버렸을 테니까요.

저에게는 소중히 지켜오고 있는 세 가지 보물이 있습니다.
첫 번째는 '자애', 두 번째는 '검소함', 세 번째는 '타인과 다투지 않는 것'입니다.
자애가 있으니 용감할 수 있고, 탐내지 않으니까 널리

베풀 수 있지요. 사람들과 앞을 다투지 않으니까 리더가 될
수 있는 것입니다.

만약 자애를 버리고 용기만을 구하려 한다든가, 검소함
을 버리고 베풀려고만 한다든가, 양보하지 않고 먼저 싸우려
든다면 그 미래는 멸망밖에 없을 것입니다.

자애가 깊은 사람은 그 마음을 단단히 지켜서 지는 일이
없습니다. 하늘 역시 자애를 가지고 그를 수호해주기 때문이
지요.

천하가 이르기를 나의 도는 크지만 도답지 않다고 한다. 오직 크기 때문에 도처럼 보이지 않는 것이다. 도처럼 보였다면 이미 오래전에 자질구레하게 되었을 것이다. 나에게 세 보배가 있어 소중히 지니고 있으니 첫째는 자애, 둘째는 검소, 셋째는 천하에 나서지 않는 것이다. 자애로 용감할 수 있고, 검소로 널리 베풀 수 있으며, 앞서지 않기에 천하의 우두머리가 된다. 자애를 버리고 용감함을 취하며, 검소를 버리고 넓히려 하고, 뒤따르는 것을 버리고 앞장서려 한다면 죽음에 이른다. 자애로 싸우면 승리하고 그 마음을 지키면 견고해지니, 하늘이 장차 누군가를 구제하려 할 때 자애로 그를 호위할 것이다.

天下皆謂我道大似不肖. 夫唯大, 故似不肖. 若肖, 久矣, 其細也夫. 我有三寶, 持而保之. 一曰慈, 二曰儉, 三曰不敢爲天下先. 慈, 故能勇. 儉, 故能廣. 不敢爲天下先, 故能成器長. 今舍慈且勇, 舍儉且廣, 舍後且先, 死矣. 夫慈以戰則勝, 以守則固. 天將救之, 以慈衛之.

제68장

훌륭한 무사는
싸우지 않는다

진정 훌륭한 무사는 사람을 위협하지 않습니다.

참으로 빼어난 무사는 화를 내지 않지요.

적과 싸워 잘 이기는 사람은 싸우려 들지 않습니다.

사람을 잘 쓸 줄 아는 사람은 자기를 낮출 줄 알지요.

이것이 싸우지 않고, 사람의 힘을 이용하는 '하늘의 도
리'라 합니다.

그리고 옛날부터 전해오는 '도의 경지'입니다.

참된 장수는 무용을 뽐내지 않고, 잘 싸우는 자는 성내지 않으며, 잘 이기는 자는 맞서지 않고, 사람을 잘 쓰는 자는 자신을 낮춘다. 이것을 다투지 않는 덕이라 하고, 사람의 힘을 활용한다 하며, 하늘의 뜻에 어울리는 도의 극치라 한다.

善爲士者不武. 善戰者不怒. 善勝敵者不與. 善用人者爲之下. 是謂不爭之德, 是謂用人之力, 是謂配天. 古之極.

제69장

누구도 상처받지 않는
싸움의 기술

예부터 내려오는 병법 중에 이런 말이 있습니다.

"전쟁은 먼저 걸지 말고, 받아들이는 입장을 취하라. 한 발 나아가려고 하기보다 한 발 후퇴하라."

이는 없는 부대를 전진시키고, 없는 주먹을 치켜들고, 없는 무기로 무장하는 것과 같습니다.

가장 중요한 것은 상대방이 두려워하는 것이 무엇인지 파악하는 일입니다. 상대를 얕잡아 보는 것만큼 큰 재앙은 없습니다. 상대를 경시하면 앞에서 말한 세 가지 보물을 잃을 수 있지요. 그러니 누군가와 대립할 때는 둘 중에서 더 깊은 자비심을 가진 사람이 싸움을 끝낼 수 있습니다.

분노나 폭력으로 자신의 문제를 해결하려는 사람을 잘 관찰해봅시다. 그 공격성의 내면에는 작든 크든 반드시 두려움이 숨어 있습니다. 소중히 여기는 무언가를 지키기 위해 필사적으로 누군가를 위협하는 것이지요.

그들이 지키고자 하는 것은 무엇일까요? 어떤 상처를 입을까 봐 두려워하는 것일까요?

자신의 가족이나 동료일까요? 신념이나 자존심일까요? 아니면 자신의 지위나 이익일까요?

자신이 지키고자 하는 것을 상대방이 빼앗으려 한다거나 상처 입히려 한다고 생각하기 때문에 싸움의 도화선이 되는 것입니다.

두려움을 안고 있는 사람에게는 칼을 들이대지 말고 자비를 베푸세요. "괜찮아요" 하고 안심시켜주세요. 그러면 그 누구도 상처받는 일 없이 싸움은 해결될 것입니다.

물론 당신이 품고 있는 분노 또한 마찬가지입니다.

병법에 의하면, 나는 감히 주체보다 객체가 되고자 하고 감히 한 치를 전진하기보다 한 자를 후퇴하고자 한다. 마치 행렬 없이 행군하고 팔로 밀쳐도 팔이 없는 듯하며, 공격하려고 하나 적이 없는 듯하며, 무기를 쓰려고 하나 잡지 않는 듯하다. 적을 경시하는 것보다 더 큰 화는 없다. 적을 경시하면 보물을 잃는다. 군사로 서로 맞붙을 때는 슬피 여기는 쪽이 승리한다.

用兵有言, 吾不敢爲主而爲客, 不敢進寸而退尺. 是謂行無行, 攘無臂, 扔無敵, 執無兵. 禍莫大於輕敵, 輕敵幾喪吾寶. 故抗兵相加, 哀者勝矣.

제70장

말로 설명할 수 없는
도의 이치

제 이야기는 아주 쉽고, 금방이라도 행할 수 있는 것들뿐입니다. 무엇 하나 특별할 것이 없기 때문이지요. 남들보다 뛰어난 재능도, 피 튀기는 노력도 필요 없습니다.

그런데도 제 이야기를 알고 싶어 하는 사람이 적으니 실행하고자 하는 사람도 없는 것이지요.

말에 앞서, 말로는 표현할 수 없는 존재의 본질이 있습니다. 사실과 현상에 앞서, 그것을 형태로 나타내는 기본 원리가 있습니다.

사람들은 그것을 알지 못하기 때문에 제 이야기를 이해

할 수 없는 것입니다. 손가락이 가리키는 곳을 보지 않고 손가락만 쳐다보는 격이라 할 수 있지요. 구조를 보지 않고 현상에만 관심을 두고 있으니 말입니다.

이를 이해할 수 있는 사람이 드무니, 도를 깨달은 사람을 본받으려 하는 사람 또한 드물고, 그래서 더욱 존귀한 존재가 되었습니다.

도를 깨달은 사람은 옷차림이 누추해서 눈에 잘 띄지 않습니다. 하지만 그 안에는 보물을 품고 있지요.

내 말은 알기 쉽고 행하기 쉽지만, 천하 누구도 알지 못하고 행하지 못한다. 말에는 근원이 있고 일에는 중심이 있으나 사람들은 알지 못하기에 나를 이해하지 못한다. 나를 아는 사람은 드물고 따르려는 사람도 귀하다. 성인은 남루한 베옷을 걸치고도 옥을 품는다.

吾言甚易知, 甚易行. 天下莫能知, 莫能行. 言有宗, 事有君. 夫唯無知, 是以不我知. 知我者希, 則我者貴. 是以聖人, 被褐而懷玉.

제71장

알지 못한다는 것을
아는 지혜

자신이 '아무것도 모른다'고 자각하는 사람은 건강한 것입니다. 알지도 못하면서 알고 있다고 착각하는 사람은, 어떤 의미에서는 병자이지요.

그러나 병을 병이라고 자각하면 병이 되지 않습니다.

도와 함께 살아가는 사람은 아프지 않습니다.

병을 앓고 있다는 사실을 스스로 깨닫고 있기 때문에 오히려 건강한 것이지요.

알지 못한다는 것을 아는 것은 상이고, 모르면서 안다는 것은 병이다. 성인은 자신의 병을 병으로 알기에 병을 앓지 않는다. 자기의 병을 병으로 여기면 병이 되지 않는다.

知不知上, 不知知病. 夫唯病病, 是以不病. 聖人不病, 以其病病, 是以不病.

제72장

세상에 묶이지 않고
무위를 살다

국민이 기득권을 얕잡아 본다면 말이지요. 그들 앞에는 열 배의 보복이 기다리고 있을 것입니다.

기득권은 자신의 권력을 앞세워 "제대로 일해라" "세금을 더 많이 내라"며 국민의 생활에 쓸데없이 압력을 가하겠지요. 그러면 국민은 무슨 일이 일어날 때마다 "사회가 잘못됐어" "정치가 잘못됐어" 하고 기득권을 원망할 것입니다.

지금 당신이 살아가는 국가의 모습은 어떻습니까? 만단 공무원조사 국민의 생업을 제한해서 그들의 생활을 고달프게 만들고 있진 않은가요? 국민에게 압력을 가하지 않으면 기득권도 국민에게 미움받지 않을 텐데 말이지요.

도를 깨달아 이를 잘 아는 사람은 그 어느 쪽에도 속하지 않습니다. 입으로 불평불만을 내뱉는 일도 없고, 목소리 높여 어떤 주의나 주장을 강요하는 일도 없지요. 또 자기를 사랑하지만 대접받기를 바라지도 않습니다.

그저 세상에 묶이지 않고 있는 그대로 살아갈 뿐입니다.

백성이 왕의 위압을 두려워하지 않는다면 큰 위험에 이르니 그곳을 억누르지 말 것이며 그 삶을 업신여겨서는 안 된다. 싫어하지 않아야 백성이 미워하지 않는다. 성인은 스스로 알면서도 드러내지 않고, 자신을 아끼지만 귀히 여기지 않는다. 그러므로 저것을 버리고 이것을 택한다.

民不畏威, 則大威至. 無押其所居, 無厭其所生. 夫唯不厭, 是以不厭. 是以聖人, 自知不自見, 自愛不自貴. 故去彼取此.

제73장

덕은 반드시
보상받는다

만약 당신이 살인자와 마주쳤다고 가정해봅시다. 당장 어떻
게 하시겠습니까?

　용기를 가지고 그를 죽일 것인가요? 아니면 용기를 가
지고 그를 그대로 둘 것인가요? 결론을 어떻게 내든, 그 결
정에는 일장일단이 따를 것입니다.

　만약 신이 있다면 무엇을 죄라고 판단할까요? 그 진상
은 아마 누구도 알 수 없겠지요. 도와 함께 살아가는 사람이
라 해도 그 판단은 어려울 것입니다.

　하지만 도의 그물은 너무나도 크고 넓어 안 닿는 곳 없

이 온 세상에 펼쳐져 있습니다. 조악해 보이는 그물이지만 그 어떤 악인이든 빠뜨리지 않고 놓치지 않지요.

당신이 재판하지 않아도 덕은 반드시 보상받고, 악덕은 반드시 그 대가를 치를 것입니다.

과감하게 용기를 행하면 죽고, 과감하게 행하지 않을 용기가 있으면 사니, 이 둘 중에 어떤 것은 이롭고 어떤 것은 해롭다. 하늘이 미워하는 이유를 누가 알겠는가? 성인도 용감한 것을 망설인다. 하늘의 도는 싸우지 않아도 이기고, 말하지 않아도 대답하며, 부르지 않아도 저절로 오고, 느긋하면서도 도모한다. 하늘의 그물은 성기면서도 놓치는 것이 없다.

勇於敢則殺, 勇於不敢則活. 此兩者, 或利或害. 天之所惡, 孰知其故. 是以聖人猶難之. 天之道, 不爭而善勝, 不言而善應, 不召而自來, 繟然而善謀. 天網恢恢, 疏而不失.

제74장

누가 죽음을
결정할 수 있을까

만약 국민이 국가 권력으로부터 고통을 받아 "오히려 죽는 게 낫다"라는 생각을 한다면, 더 이상 사형으로 사람들을 위협할 수 없을 것입니다.

하지만 국가 권력이 국민을 행복하게 할 수 있다면, 사람들은 사는 게 즐거워서 죽음을 두려워하게 되겠지요. 그렇다면 사형도 효과적일 것입니다.

그런데 국민이 이렇게 죽음을 두려워하더라도 이를 이용해 나쁜 짓을 저지르는 악인은 언제든 나오기 마련입니다. 이런 자들에게 "사형시켜버려!" 하고 말하는 것은 쉬운 일이지요. 하지만 누가 그 집행인이 될 수 있겠습니까?

사람의 죽음을 관장할 수 있는 것은 하늘뿐입니다. 하늘을 대신하여 죽이려 하는 것은 기술 없는 일반인이 목수를 흉내 내 나무를 대패질하는 것과 같습니다.

자신의 손에 상처를 입히지 않고서는 거의 할 수 없는 일이지요.

백성이 죽음을 두려워하지 않으니 어찌 죽음으로 두렵게 할 수 있는가. 백성이 늘 죽음을 무서워하는데 죄짓는 자가 있다 해서 잡아 죽인들, 누가 감히 그를 죽일 수 있는가. 늘 죽음을 집행하는 자가 죽이는 것이다. 그를 대신해 죽이는 것은 뛰어난 목수 대신 나무를 자르는 것과 같다. 그를 대신해 나무를 자르면 그 손이 상하지 않을 자가 드물다.

民不畏死, 奈何以死懼之. 若使民常畏死, 而爲奇者, 吾得執而殺之, 孰敢. 常有司殺者殺. 夫代司殺者殺, 是謂代大匠 斲, 夫代大匠斲者, 希有不傷其手矣.

제75장

이쪽과 저쪽은
같다

국민이 궁핍한 것은 국가가 그들에게 세금을 마구 거두어들이고 있기 때문입니다. 국민이 궁핍하여 힘들어하니 질서가 어지러워지고, 이 때문에 다스리기 힘들어지는 것이지요.

국민이 자신의 목숨을 아끼지 않고 혁명이나 반란을 일으키는 것은, 기득권이 자신의 배만 불리고 있기 때문입니다.

이때 국민이 자신의 목숨을 아깝지 않아 하면서까지 기득권과 싸우는 것은 "약아빠졌어! 너희들 이익만 챙기고 있다니!"와 같은 이유에서일 것입니다.

하지만 이쪽이나 저쪽이나 같은 게 아닐까요?

국민도 기득권도 '풍요'라는 것을 겉으로 보이는 '생활의 모습'으로 판단하고 있지 않습니까. 즉 물질적인 풍요 속에 모든 행복이 있다며 착각하고 있는 것이지요.

그 착각에 갇히지 않는 사람이야말로 '풍요'의 본질을 알고 있는 게 아닐까요?

백성이 굶주리는 것은 위에서 징수를 많이 해서다. 그래서 백성은 굶주린다. 백성을 다스리기 어려운 것은 위가 멋대로 행해서다. 그래서 다스리기 어렵다. 백성이 죽음을 경시하는 것은 위에서 지나치게 잘 살려 해서다. 오직 잘 살려 하지 않는 자가 삶을 귀히 여기는 자보다 현명하다.

民之饑, 以其上食稅之多. 是以饑. 民之難治, 以其上之有爲, 是以難治. 民之輕死, 以其上求生之厚. 是以輕死. 夫唯無以生爲者, 是賢於貴生.

제76장

삶에 가까운 것,
죽음에 가까운 것

사람은 말이지요. 갓 태어났을 때는 유연하고 보드랍지만,
죽음을 맞이할 때는 딱딱하게 경직되어 있습니다.

초목이나 다른 것들도 막 생겨났을 때는 나긋나긋하고
무른 상태지만, 죽음이 가까워지면 말라서 퍼석퍼석해지
지요.

딱딱하게 경직된 것은 죽음에 가까운 것이고, 부드럽고
나긋나긋한 것은 삶에 가까운 것입니다.

그렇나넌 군대가 강대하기만 하다면 어떻게 될까요? 전
쟁에서 승리하지 못할 것입니다. 너무 견고한 나무는 뚝 하

살아가는 것을
사랑한다는 것

고 꺾이는 법이니까요.

나무의 줄기와 그 끝의 작은 가지들을 자세히 들여다봅시다. 자, 어떤가요? 크고 강한 것은 밑부분에 속해 있고, 부드럽고 약한 것이 꼭대기에 있지 않은가요?

산 자는 유약하지만, 죽은 자는 건강하다. 만물과 초목은 살아서는 부드럽고 약하고 죽으면 마르고 뻣뻣하다. 건강한 것은 죽음의 무리고, 유약한 것은 생의 무리다. 그리하여 군대도 강하기만 하면 이기지 못하고, 나무도 강하기만 하면 부러진다. 강대한 것은 아래에 있고, 유약한 것은 위에 있다.

人之生也柔弱, 其死也堅强. 萬物草木之生也柔脆, 其死也枯槁. 故堅强者死之徒, 柔弱者生之徒. 是以兵强則勝, 木强則折. 强大處下, 柔弱處上.

제77장

남는 것을
내어주는 삶

도의 원리는 '활시위를 얹는 것'과 같습니다.

활을 쏠 때는 말이지요. 한가운데 높아지는 부분은 누르고, 양 끝의 낮은 부분을 들어 올립니다. 너무 당겨서 높아졌다면 힘을 풀고, 당기는 힘이 모자라면 더욱 들어 올리는 것이 활을 쏘는 방법이지요.

도의 원리도 이와 같습니다. 쓸데없는 것을 줄이고 부족한 부분을 보완해가지요.

하지만 세상 모습은 그렇지가 않습니다. 부족함 때문에 괴로워하는 사람에게서 더 빼앗고 그것을 남아도는 사람에게 주고 있으니 말입니다.

자, 그렇다면 남아도는 쪽에서 부족한 쪽으로 내어주는 이가 대체 있기는 한 것일까요?

맞습니다. 오직 도의 원리에 따라 살아가는 사람만이 그렇게 할 수 있지요.

도와 함께 살아가는 사람은 이렇게 베푼 뒤에도 잘난 척하지 않고, 공을 세워도 그 공에 머물러 있지 않으며, 현명함을 과시하려고도 하지 않는 사람입니다.

하늘의 도는 활시위를 당기는 것과 같아서 높아지면 눌러주고 낮아지면 들어준다. 남는 것은 덜어내고, 부족한 것은 보태준다. 하늘의 도는 남는 것을 덜어내어 부족한 것에 보태주나, 사람의 도는 그렇지 못해 부족한 것을 덜어서 여유 있는 것에 바친다. 누가 남는 것으로 천하에 봉사할 것인가. 오직 도를 지닌 자다. 성인은 하고도 내세우지 않고, 공을 세우고도 머물지 않으며, 자신의 현명함을 드러내지 않는다.

天之道, 其猶張弓乎. 高者抑之, 下者擧之. 有餘者損之, 不足者補之. 天之道, 損有餘而補不足. 人之道, 則不然, 損不足以奉有餘. 孰能有餘以奉天下. 唯有道者. 是以聖人, 爲而不恃, 功成而不處, 其不欲見賢.

제78장

물처럼
부드럽고 유연하게

이 세상에 물만큼 부드럽고 유연한 것이 있을까요? 그런데
말이지요. 견고하고 강한 것을 공격하는 데 물을 능가하는
것 또한 없습니다. 아니 물을 대신할 것은 이 세상 어디에
도 없지요.

낭창낭창한 것이 강한 것을 이기고, 부드러운 것이 딱딱
한 것을 이깁니다. 세상 사람들도 잘 아는 이야기지만, 이를
실행할 수 있는 사람은 많지 않습니다.

그대시 도와 함께 살아가는 사람은 이렇게 말합니다.
"나라의 오명을 받아들일 수 있는 자야말로 진정 왕좌에

어울리는 사람이다. 세계의 불행을 받아들일 수 있는 자야말로 세계의 왕이 될 만한 사람이다."

진정한 이야기는 세상의 상식과는 정반대로 들리는 법입니다.

천하에 물보다 유약한 것은 없지만 견강한 것도 물보다 나은 것이 없으니 어떤 것도 물을 대신하지 못한다. 약한 것이 강한 것을 이기고 부드러운 것이 단단한 것을 이긴다는 사실을 모르는 자가 없으나 아무도 실행하지 않는다. 나라의 모든 허물을 받아들여야 군주라 할 수 있고, 나라의 상서롭지 못한 일을 받아들여야 왕이 될 수 있다. 바른말은 반대처럼 들린다.

天下莫柔弱於水. 而功堅強者, 莫之能勝. 其無以易之. 弱之勝強, 柔之勝剛, 天下莫不知, 莫能行. 是故聖人云, 受國之垢, 是謂社稷主, 受國不祥, 是謂天下王. 正言若反.

제79장

마음의 응어리를
덜어내는 법

깊은 원한을 가진 사람은 아무리 상대방을 용서하겠다고 마음먹어도 마음속에 응어리가 반드시 조금은 남는 법입니다.

하지만 그렇게 해서는 기분 좋게 화해할 수가 없지요. 그래서 처음부터 원한을 가지지 않는 게 중요합니다.

도와 함께 살아가는 사람이라면 돈을 빌려주었다고 할지라도 강제로 받아내려 하지 않지요. 처음부터 반쪽짜리 차용증서를 쥐고서는 그것으로 상대를 몰아세울 생각조차 하지 않습니다.

덕 있는 사람은 상대를 '신뢰'하고, 덕 없는 사람은 상황을 '걱정'하지요.

　그런데 말입니다. 도는 결코 한쪽만 편들어주지 않지만, 언제나 선한 사람을 도와줍니다. 덕 있는 사람은 그것을 잘 알고 있기에 베풀고도 그 대가를 바라지 않는 것이지요.

큰 원한을 풀어도 반드시 응어리는 남으니 어찌 잘했다고 할 수 있는가. 성인은 좌계를 잡아 사람을 독촉하지 않는다. 덕이 있는 사람은 좌계를 맡고 덕이 없는 사람은 돈을 거둔다. 하늘의 도는 치우침이 없으나 언제나 선인과 함께한다.

和大怨, 必有餘怨. 安可以爲善. 是以聖人, 執左契, 而不責於人. 有德司契, 無德司徹. 天道無親, 常與善人.

제80장

지금 가진 것으로도
만족할 수 있다면

저에게 굳이 이상향이 어떤 곳이냐고 묻는다면, 작은 나라에 인구도 적은 곳이 좋겠다고 말하겠습니다.

문명의 이기는 있어도 사용하지 않는 곳.

모두의 생명을 소중히 여기기 때문에 멀리 떠돌아다닐 필요가 없는 곳.

배나 차도 있지만, 그것을 타고 어딘가로 갈 필요가 없는 곳.

공격할 무기나 방비할 설비가 준비되어 있지만 굳이 사용할 기회가 없는 곳.

물건을 거래할 때도 너무 빡빡하게 굴지 않고, 옛날처럼 새끼줄에 묶어 주고받는 곳 정도가 좋을 것 같습니다.

음식도 좋고 싫을 게 없고, 지금 입은 옷만으로도 멋이 난다고 하는 곳.

소박한 집에 머물러 살며, 풍습을 즐길 수 있는 곳.

이웃 나라 사람들을 서로 바라볼 수도 있고, 닭이나 개의 울음소리도 들려오지만, 늙어서 죽을 때까지 왕래하지 않는 곳.

그런 곳에서 살아간다면 당신은 어떨 것 같습니까?

나라를 작게 하고 백성을 적게 해서 도구가 많아도 쓰지 않고, 백성의 죽음을 소중히 생각해 먼 곳으로 이주하지 않도록 하라. 비록 배와 수레가 있어도 타지 않고, 갑옷과 병기가 있어도 진을 칠 일이 없다. 백성으로 하여금 다시 새끼줄을 매어 쓰게 하고, 그 음식을 달게 여기고, 그 옷을 아름답게 여기며, 그 사는 곳을 편안히 여기고, 그 풍속을 즐기니 이웃 나라가 서로 바라보며 닭과 개 소리가 들려도 백성은 늙어 죽을 때까지 왕래가 없다.

小國寡民, 使有什佰之器而不用. 使民重死而不遠徙. 雖有舟轝, 無所乘之, 雖有甲兵, 無所陳之. 使民復結繩而用之, 甘其食, 美其服, 安其居, 樂其俗, 隣國相望, 雞犬之聲相聞, 民至老死, 不相往來.

제81장

비로소
사랑을 느끼다

자, 여기까지 읽어주어서 고맙습니다.

당신도 이미 알고 있었겠지만, 이 이상은 같은 말의 반복만 될 것 같으니 이쯤에서 펜을 놓을까 합니다.

지금까지 제가 써 내려온 것은 오늘날 필요한 눈치 빠른 처세술도 아니고 이렇게 살라고 하는 인생론도 아닙니다.

'사회'라고 하는 틀 바깥, 그곳에 흐르는 '존재의 본질'을 알려준 것뿐이지요. 그리고 바로 거기에 사람들이 잃어버린 '충족'이 있고 말입니다.

사실 아무리 '내놓아야 채워진다'는 말을 해봤자 대부분의 사람은 믿지 않을 것입니다. 하지만 앞서 몇 번이고 반복해서 말했듯이 사회는 사람과 사람이 서로 '돕고 도와준다'는 관계에 의해 성립됩니다. 즉 '기브 앤드 테이크'지요.

많은 사람이 "그거야 당연한 것 아니겠어? 이제 와서 뭐 그런 말을!"이라고 할 수 있겠지요. 그렇지만 사람들이 지금까지 정말 진심만을 가지고 살았다면, 이 세계에는 '거래'라는 것이 생겨나지 않았을 것입니다.

교육이나 규범도 '사회에서 원활히 거래하는 법'을 가르치는 것에 지나지 않습니다. 물론 사람들 또한 그 '거래'에 의해 행복을 얻을 수 있다고 철석같이 믿고 있지요.

하지만 실제로는 그렇지 않습니다.

그 거래에서 해방될 때 사람은 자유로워지고, 거래를 넘어선 관계를 맺을 때 사랑이 보이기 시작하지요.

혹시 "그런 이야기는 어차피 말만 번지르르할 뿐이야"라며 비웃고 있나요?

세상 사람들은 말이지요. 그렇게 말하면서 일부러 '깨끗하지 않은' 세계를 만들고, 그곳에서 살아가고 있는 것입니다.

당신이 노의 길을 걷고자 한다면 사람들의 이야기나 상식에 휘둘리지 말고, 당신의 눈과 귀로 '사실은 무엇이 일어나고 있는가'를 감지해야 합니다.

'존재란 무엇인가' '사랑이란 무엇인가' 같은 건 생각하는 게 아닙니다. 그저 느끼는 것이지요.

머릿속 이야기에 마음을 빼앗기지 말고 '있는 그대로' 살아가십시오.

과거나 미래와 같은 샛길에 빠지지 말고 '지금'이라는 큰길을 걸으십시오.

진실을 보여주는 말은 아름답지 않고, 아름다운 말은 진실이 아닌 법입니다.

훌륭한 사람은 말을 많이 하지 않고, 달변가일수록 진리를 알 리가 없습니다.

진실을 아는 사람은 자신의 교양에 의지하지 않고, 박식한 척하는 사람일수록 진실을 놓쳐버리지요.

도와 하나가 된 사람은 쌓아서 담아두지 않고, 베풀어 펼치는 것으로 오히려 부를 늘립니다.

하늘의 도리는 만물에 은혜를 주고도 빼앗지 않는 것이고, 도의 길을 걷는 사람의 도리는 어떤 일을 하더라도 다투지 않는 것이지요.

사회에 뿌리박힌 '거래'와 '경쟁'을 벗어난 세계에 당신이 구하는 사랑과 안도, 그리고 평화가 있다는 것을 기억했으면 좋겠습니다.

이 편지 속에서 반복해온 그 말이 가리키는 게 당신에게
잘 전해졌을지 모르겠습니다만, 꼭 여기에 있는 말에 매일
필요는 없습니다.

부디 당신이 말 저편에 있는 '또 하나의 세계'로 돌아갈
수 있기를…… 그리고 언제까지나 도와 함께 있기를…….

이름을 버린 늙은이가 전해준 이 말들을 약 2,500년 후
의 제가 당신에게 보냅니다.

믿음직스러운 말은 아름답지 않고, 아름다운 말은 믿음직
스럽지 않다. 선인은 잘 따지지 않고, 잘 따지는 사람은 선
하지 않다. 지혜로운 사람은 박식하지 않고, 박식한 사람은
잘 알지 못한다. 성인은 쌓아두지 않고 남을 위해 다 쓰지
만, 쓰면 쓸수록 더욱 갖고, 이미 남에게 다 주었지만 자신
은 더욱 많아진다. 하늘의 도는 이로울 뿐 해를 끼치지 않
고, 성인의 도는 행할 뿐 다투지 않는다.

信言不美, 美言不信. 善者不辯, 辯者不善. 知者不博, 博者不知.
聖人不積, 旣以爲人, 己愈有, 旣以與人, 己愈多. 天之道, 利而不
害. 聖人之道, 爲而不爭.

노자는 기원전 6~5세기의 고대 중국에 있었다고 전해지는 동양철학의 큰 인물입니다. 하지만 그가 실재했다는 것을 명확히 알 수 있는 증거는 현재 무엇 하나 발견되지 않았습니다.

그가 기록된 제일 오래된 서적은 기원전 100년경 사마천이 쓴 『사기史記』라는 역사서로, 당시부터 노자는 이미 정체불명의 인물로 서술되어 있었습니다.

세간에는 '노자일지도 모른다'고 여겨지는 인물이 세 명이나 존재하고 있습니다. 이에 관한 역사가의 해석도 다양하여 노자가 이 세 명 중 한 명이라고 하는 사람이 있고, 다양한 인물을 역사적인 모델로 만들어냈다는 설, 단순히 신화 속 인물로 보는 의견도 있습니다.

이 '노자'라는 두 글자도 '위대한 선생'을 뜻하는 존칭일 뿐 정확한 이름이 아닙니다.

이 책의 프롤로그는 『사기』에 기재되어 있었던 세 명 중 노자일 가능성이 가장 높다고 일컬어지는 인물인 '노담'을 선택하여, 아주 적은 정보로 상상의 나래를 펼쳐본 것에 지나지 않습니다. 그러니 부디 언짢게 생각하지 마십시오.

이처럼 의문투성이의 인물이 존재의 본질인 '도'와 사랑의 본질인 '덕'에 관하여 남겨놓았다고 일컬어지는 서적이 『도덕경』입니다.

노자가 누구였는지는 제쳐두더라도 대대로 전해져 내려온 『도덕경』 속 글귀는 현대를 사는 우리 마음에 깊이 와 닿습니다. 아니, 이런 시대기에 더욱 여러 가지를 생각하게 만듭니다. 시간의 흐름에 좌우되지 않는, 사람의 본성 그 자체를 말하고 있는 그것은 때론 어떤 종류의 '예언'처럼 느껴지기도 하지요.

지금을 살아가는 우리 모습을 생각해봅시다. 이렇게 생활환경이 개선되어 있는데도 우리가 자신의 삶에 만족하지 않는 이유는 무엇일까요?

이는 전적으로, 노자가 지적했던 것처럼 우리 내면에 '혼란'과 '착각'이 뿌리 깊게 남아 있기 때문이겠지요. 이 혼란과 착각의 세계에서 살아가는 것에 너무 익숙해져서 '행복'을 구하는 방향을 잘못 생각하고 있는 것은 아닐까요?

노자는 『도덕경』을 통해 우리에게 뿌리박힌 혼란과 착각을 아주 간결한 말로 지적하고 풀어줍니다.

이렇게 보면 결국 인생에 대한 가장 중요한 교훈은 이미 2,500여 년 전에 밝혀져 있던 셈입니다.

많은 분에게 노자의 매력을 알리고 싶었습니다. 그리고 그 말의 끝에 보이는 세계에 접할 수 있기를 바라면서, 가능한 한 쉽고 즐겁게 책을 읽어나갈 수 있도록 단어를 고르면서 의역을 진행했습니다.

"아는 자는 말하지 않고, 말하는 자는 알지 못한다."

"훌륭한 달변가일수록 말수가 적다."

이러한 노자의 말은 겨우 5,000여 자로 되어 있습니다.

여기에 저 같은 문외한이 새로운 말을 덧붙이는 것이 불순하게 느껴지기도 했지만, 쉬운 이해를 위해 본문에는 없는 문구를 군데군데 넣었습니다. 물론 가능한 한 원문을 따르는 형태로 의역을 진행하긴 했지만, 여기에 쓰인 의역도 어디까지나 '저의 해석'을 통해 읽은 세계에 지나지 않는다는 사실을 기억하길 바랍니다.

만약 이 책을 통해 노자의 세계에 흥미를 느꼈다면, 다른 번역서와 비교하면서 그가 보여준 '말의 끝'을 발견하길 바랍니다.

도는 획득할 수 있는 물건도, 달성할 수 있는 목표도 아닙니다. 우리가 완전히 잊고 있을 때조차 한순간도 떨어지지 않고 곁을 계속 지켜주는 크나큰 어머니와 같은 것이지요.

따라서 도와 함께 진정한 인생을 살아가기 위해서는 특별한 지식이나 재능도, 노력이나 시간도 필요하지 않습니다. 모든 것을 품어주는 어머니는 언제든 "현실에 지쳤다면 이리 돌아오렴" 하고 양팔을 벌려 맞이해주니까요.

그렇다고 해도 이미 사회에 몸담은 우리가 그 모든 것을 놓아버리고 떠나는 것은 지극히 어려운 일입니다. "알고는 있지만 그만둘 수는 없다"라며 상황에 안주해버리는 것이 사람의 본성이니까요.

그래도 사소한 것, 작은 일부터라도 좋으니 지금까지 품고 있던 신념이나 상식에서 벗어나보는 건 어떨까요?

실제로는 어떤 일이 일어나고 있는 건지 현상 안쪽의 구조에 주목해보는 것은 어떨까요?

모든 것을 놓아버릴 때 그곳에 있는 진정한 자유와, 해석을 뛰어넘은 '있는 그대로의 세계'가 그 모습을 드러내기 시작할 것입니다.

당신 안에 있는 혼란이나 착각에서 빠져나와 잠시라도 커다란 어머니의 따스한 품을 느끼는 데 이 책이 도움이 되었으면 좋겠습니다.

살아가는 것을 사랑한다는 것

펴낸날	**초판 1쇄 2017년 9월 26일**

지은이	**구로사와 이츠키**
옮긴이	**박진희**
펴낸이	**심만수**
펴낸곳	**(주)살림출판사**
출판등록	**1989년 11월 1일 제9-210호**

주소	**경기도 파주시 광인사길 30**
전화	**031-955-1350 팩스 031-624-1356**
홈페이지	**http://www.sallimbooks.com**
이메일	**book@sallimbooks.com**

ISBN	**978-89-522-3784-2 03150**

※ 값은 뒤표지에 있습니다.
※ 잘못 만들어진 책은 구입하신 서점에서 바꾸어 드립니다.

이 도서의 국립중앙도서관 출판시도서목록(CIP)은 서지정보유통지원시스템 홈페이지
(http://seoji.nl.go.kr)와 국가자료공동목록시스템(http://www.nl.go.kr/kolisnet)에서
이용하실 수 있습니다.(CIP제어번호: CIP2017020842)

책임편집·교정교열 **송두나 황민아**